Schulz von Thun · Praxisberatung in Gruppen

Konzept und Beratung der Reihe Beltz Weiterbildung:

Prof. Dr. Karlheinz A. Geißler, Schlechinger Weg 13, 81669 München.
Prof. Dr. Bernd Weidenmann, Weidmoosweg 5, 83626 Valley.

Friedemann Schulz von Thun

Praxisberatung in Gruppen

Erlebnisaktivierende Methoden
mit 20 Fallbeispielen

6. Auflage

Beltz Verlag · Weinheim, Basel, Berlin

Friedemann Schulz von Thun, Prof. Dr. phil. habil., Jg. 1944, ist Professor am Fachbereich Psychologie der Universität Hamburg, Autor kommunikationspsychologischer Standardliteratur, Urheber von Kommunikations-Weiterbildungen, Berater und Trainer im Rahmen des Schulz von Thun-Institutes für Kommunikation.

Weitere Informationen finden Sie unter www.schulz-von-thun.de

3., aktualisierte Auflage 1999
4., unveränderte Auflage 2001
5., neu ausgestattete Auflage 2003
6., aktualisierte Auflage 2006

Lektorat: Ingeborg Sachsenmeier

© 1996 Beltz Verlag · Weinheim, Basel, Berlin
www.beltz.de
Herstellung: Klaus Kaltenberg
Satz: Media Partner GmbH, Hemsbach
Druck: Druckhaus Beltz, Hemsbach
Umschlaggestaltung: glas ag, Seeheim-Jugenheim
Umschlagfoto: zefa visual media gmbh, Düsseldorf
Printed in Germany

ISBN-13: 978-3-407-36444-9
ISBN-10: 3-407-36444-X

Inhaltsverzeichnis

Das Konzept erlebnisaktivierender Praxisberatung

Einleitung

Worum geht es?

Ob es sich nun um Führungskräfte oder um Lehrerinnen, um Ärzte oder Politikerinnen, um Verkäufer oder um Leiterinnen sozialer Einrichtungen handelt: Immer sind es Menschen, die von Berufs wegen mit anderen Menschen umzugehen haben. Manches kann schiefgehen, wenn wir es mit Individuen oder mit Gruppen und Teams zu tun bekommen. Manches kann schwierig werden, besonders wenn die Menschen keine Maschinen, sondern eben Menschen sind: eigenwillig, empfindlich, »störanfällig«. Daß besonders in leitenden Positionen die fachliche Tüchtigkeit allein nicht ausreicht, um auf das menschliche Miteinander einen fördernden Einfluß zu nehmen, davon kann wohl jeder ein Lied singen, der schon einmal unter einem Chef oder in einem Team gearbeitet hat oder der selbst für andere Menschen zuständig war. Und jeder hat wohl auch erfahren, daß die nötige »soziale Kompetenz«, also die Fähigkeit, mit sich und anderen Menschen so umzugehen, daß die positiven Kräfte in der Dynamik des Miteinanders die Oberhand gewinnen können, daß diese soziale Kompetenz einem nur zum Teil »mitgegeben« ist. Im komplizierter gewordenen Spannungsfeld von Menschlichkeit und Professionalität will sie zum großen Teil erst noch erworben sein.

»Soziale Kompetenz« erlernen

Wie aber erwirbt man soziale Kompetenz? Anfang der 70er Jahre waren wir als junge Psychologen euphorisch angesichts der Möglichkeit, daß man nicht nur Schwimmen und Schreibmaschinenschreiben lernen, sondern auch zwischenmenschliche Verhaltensweisen erlernen, »trainieren« kann. Wir fühlten uns als Pioniere einer neuen Zeit, als wir die alten akademischen Bildungsveranstaltungen durch aufregende »Verhaltenstrainings« ersetzten. Mit unseren Standardübungen und der Ausrichtung an einem vermeintlichen Idealverhalten waren wir allerdings auf falschem Kurs.

Dieses Buch basiert auf einem anderen methodischen Weg des Erlernens von sozialer Kompetenz in Gruppen. Dieser ist im Unterschied zu unserem früheren klassischen Verhaltenstraining darauf ausgerichtet, neben dem *Verhalten* auch die *Innenseite* des Verhaltens und den jeweiligen *situativen Kontext* in den Blick zu bekommen. An den Trainer bzw. die Trainerin stellt diese Vorgehensweise allerdings eine weitaus höhere Anforderung: Statt mit Standardübungen zu kommen, die wir immer neuen Teilnehmern wieder und wieder anbieten können, müssen wir uns jetzt auf den einzelnen Menschen einlassen, auf seine Situation und auf sein »Anliegen«. Dies ist vorher nicht planbar. Deshalb wird die Methode des Vorgehens aus dem Augenblick heraus gefunden und erfunden!

Neuer Weg des Erlernens von sozialer Kompetenz

Für wen könnte dieser Ansatz interessant sein?

Wenn Sie als Seminarleiterin oder als »Trainer«, als Supervisorin oder als Berater, als »Coach« oder als Klärungshelferin tätig sind und Kurse leiten, in denen es um zwischenmenschliche Themen geht, dann stehen Sie vor einer grundsätzlichen Frage: Wollen Sie sich auf ein Standardprogramm beschränken, auf Vorträge und Übungen, die Sie immer wieder anbieten können? Oder aber wollen Sie es sich leisten, den einzelnen Teilnehmer einzuladen, mit seinen ganz persönlichen Themen aus seiner Praxis zu kommen? Und wenn ja: Wie arbeiten Sie dann damit? Um die Klärung dieser Frage geht es in diesem Buch.

Was tun Sie als Seminarleiterin, wenn ein Teilnehmer, Leiter der Abteilung X im Unternehmen Y, mit folgender Frage in Ihr Seminar kommt: »Wie kann ich in meiner Abteilung das ›Wir-Gefühl‹ erhöhen?« Viele Trainerinnen und Seminarleiter schrecken vor solch unplanbaren und unvorhersagbaren Situationen zurück, da Sie annehmen, dann auf alle Fragen des Lebens eine Antwort parat haben zu müssen, und sich davon (zu Recht) überfordert fühlen.

In unserer Vorstellung von »Anliegenbearbeitung«, »Coaching in Gruppen«, »Workshop-Arbeit« ist der Trainer nicht Lösungsbringer, sondern Strukturerfinder und Prozeßgestalter. Das bedeutet: Ich als Trainer habe die Aufgabe, das Thema des Teilnehmers in der Gruppe lebendig werden zu lassen. So, daß dieser seine Möglichkeiten und Grenzen selbst herausfinden kann – im gemeinsamen Erleben mit den anderen Teilnehmern und mir. Das »Wie« dieser Arbeit ist jeweils unterschiedlich. Wichtig ist, daß es mir als Leiter möglich ist, durch kleine, erlebnisaktivierende Experimente und Übungen eine Atmosphäre zu stiften, in der Selbsterkenntnis und Lösungen aus dem Gruppenprozeß heraus entstehen. Dann kann ·Fortbildung zu einer aufregenden, tiefgehenden und nützlichen Sache werden.

Haben Sie Lust auf solche Arbeit? Trauen Sie sich das zu? Vielleicht sind Sie längst auf diesem Weg und suchen nach Möglichkeiten der Erweiterung und des Austauschs. Vielleicht aber stehen Sie am Anfang und sind auf der Suche nach einem Kompaß, der Ihr Handeln als Trainer und Berater ausrichten könnte. Allerdings setzt diese Vorgehensweise insofern hohe Ansprüche, als sie einen souveränen Umgang mit unbekannten Themen, Menschen und Gruppen erfordert, mit Gefühlen und mit unplanbarer Dynamik. Es lohnt sich daher nur dann, diese Kunst zu erlernen, wenn Sie sich in der Rolle des Erwachsenenbildners langfristig professionalisieren wollen. In dem Fall aber kann es geradezu eine kopernikanische Wende Ihres Berufslebens werden, wenn Sie sich mehr und mehr trauen, vom »Schema F« abzukommen und sich auf reale Menschen in realer Praxis einzulassen.

Wie ist dieses Buch aufgebaut?

Das Herzstück dieses Buches besteht aus 20 authentischen Beispielen aus der Seminarpraxis. Diese Beispiele habe ich in der Weise zu Übungen umgestaltet, daß Sie als Leser* an dem Prozeß beteiligt werden – als Beobachter wie auch als imaginärer Leiter: Was würden Sie in dieser vorgestellten Situation vorschlagen? Anschließend kommt immer die »Auflösung«: was ich damals in der Situation gemacht habe und wie es dann weitergegangen ist. Meine Vorschläge und Interventionen werde ich jeweils in einem methodischen Kommentar begründen, so daß Sie nach und nach in die Prinzipien, Hintergründe und Methoden erlebnisaktivierender Arbeit eingeführt werden, immer am konkreten Beispiel.

---

* ... und natürlich als Leser**in** – zuweilen werde ich die sprachliche Form des Geschlechts variieren. Stets sind Frauen und Männer gemeint.

Diesem Herzstück vorangestellt ist noch eine kleine Einführung. Zum einen möchte ich hier genauer erklären, wie ich auf diese Art von erlebnisaktivierender Fallarbeit gekommen bin und warum ich sie in vielen Fällen für menschengerechter und effektiver halte als das klassische Verhaltenstraining. Zum anderen ist auch eine methodische Einführung nötig: Wie kommt man überhaupt zu den persönlichen Themen, den »Anliegen«? In welchen Seminar- und Beratungskontexten ist diese Art von Arbeit möglich und sinnvoll? In welchem Gesamtzusammenhang sind die in den 20 Übungen dargestellten Vorgehensweisen zu sehen? Welche grundsätzlichen Varianten erlebnisaktivierender Fallarbeit gibt es, und unter welchen Bedingungen sind sie angebracht?

Erkenntnisse auf dem Weg zur erlebnisaktivierenden Kommunikationsberatung

Welche Erkenntnisse und Erfahrungen waren es, die zu dieser Art von erlebnisaktivierender Arbeit in der professionellen Erwachsenenbildung geführt haben?

Anfang der 70er Jahre war ich mit meinen Kollegen als »Kommunikations- und Verhaltenstrainer« unterwegs. Zum einen wollten wir mit dieser neuen Art des aktiven Verhaltenstrainings den Teilnehmern beim Überwinden des Praxisschocks helfen, der nicht nur bei Lehrern, sondern in allen Berufen zu verzeichnen war, in denen der Umgang mit Menschen eine wichtige Rolle spielte. Wegen der übermäßig akademischen Ausrichtung des Studiums und anderer Ausbildungsgänge waren die Berufsanfänger häufig strahlende Phönixe auf der Ebene der gelehrsamen Reflexion, aber unbeholfene Purzelenten auf der Ebene des konkreten Handelns. Hier mußte etwas geschehen; »Verhaltenstraining« wurde zum modernen Zauberwort.

Zum zweiten wurde uns infolge der 68er-Zeit bewußt, daß unser zwischenmenschliches Verhalten noch autoritär und obrigkeitsstaatlich strukturiert war: Der Kontakt von Lehrern und Schülern, Eltern und Kindern, Ärzten und Patienten, Vorgesetzten und Mitarbeitern war überwiegend von »oben herab«, mit viel arrogantem Herrschaftsgebaren bei den Oberen und viel Duckmäusertum und/oder rebellischem Aufbegehren bei den Unteren. Ein partnerschaftlicher Umgangsstil auf der Basis von menschlicher Gleichberechtigung war noch in weiter Ferne, eine »innere Demokratisierung« hatte, da die Entwicklung der Seelen sich häufig langsamer vollzieht als die Entwicklung äußerer Strukturen, noch nicht Platz gegriffen. Auch hier fühlten wir, die »Verhaltenstrainer«, uns als Pioniere der neuen Zeit: Mußte nicht ein partnerschaftlicher Umgangsstil genauso gelernt und eingeübt werden wie Rechnen und Schreiben?

14

Mit Elan und Begeisterung brachten wir unseren Teilnehmern bei, wie sie »richtig«, »partnerschaftlich«, »sozial kompetent« miteinander umgehen sollten. Unsere Veranstaltungen waren lebendig und praxisbezogen, längst nicht so langweilig wie die alten Bildungsveranstaltungen, wo kluge Vorträge gehalten wurden und die Teilnehmer emsig, aber folgenlos mitschrieben. Dennoch erwies sich diese Art von »Verhaltenstraining« als ein Holzweg. Der entscheidende Fehler bestand in dem Versuch, Menschen in die Schablone eines Idealverhaltens zu pressen, eine Art Verhaltensuniform, die für alle gleich sein sollte. Wir bewirkten damit nur eine andere Art der Anpassung: Psychologisch und partnerschaftlich korrektes Musterschülergehabe, das dem inneren Menschen nicht entsprach. Das neu erworbene Verhalten – Ich-Botschaften statt Du-Botschaften, aktives Zuhören bei Mitarbeitergesprächen ... – wirkte gut gemeint, aber künstlich. Mitarbeiter von frisch geschulten Führungskräften reagierten manchmal so:

> *»Am Montag nach dem Seminar hat er so eigenartig gesprochen und immer ›bitte‹ und ›danke schön‹ gesagt – am Mittwoch war er dann gottlob wieder der alte!«*

Das antrainierte Idealverhalten hielt demnach keinen nennenswerten Einzug in die Praxis, und es ignorierte die Sehnsucht von Menschen (eben auch Mitarbeitern), mit dem »echten Menschen« zu tun zu haben, nicht mit antrainiertem Schulungsgehabe.

Was hatten wir falsch gemacht? Einige neue Erkenntnisse gewannen wir im Laufe der 70er Jahre besonders von der Humanistischen Psychologie.

Der Mensch unter dem Sonntagsanzug

Eine der neuen Erkenntnisse lautete: Ein zwischenmenschliches Verhalten ist nur dann heilsam und aussichtsreich, wenn es übereinstimmt mit dem »inneren Menschen«, mit der Persönlichkeit und der aktuellen Befindlichkeit. Dieser »Innenseite des Verhaltens« hatten wir bislang wenig Beachtung geschenkt. »Authentizität« hieß dieser neue Wert, und damit verbunden war folgende Erkenntnis des Vertreters der Humanistischen Psychologie (und Begründers der Gesprächstherapie) Carl Rogers:

»Authentizität« als neuer Wert

15

> *»Die Entwicklung eines Menschen vollzieht sich nicht durch das An-
> streben eines Ideals, sondern in dem Bemühen, ganz und wahrhaftig
> der zu sein, der er in Wahrheit ist!«*

Paradoxerweise wird erst dann, wenn ich mich selbst kenne und zu mir
stehen kann (und zwar zu den Teilen in mir, die ich bisher als peinlich,
beschämend oder als sonstwie nicht linientreu gegenüber meinem Ich-
Ideal empfunden habe), Energie frei für persönliche Weiterentwicklung.
Denn diese Energie war bisher gebunden an die ständige Anforderung,
nach außen (und auch mir selbst gegenüber) anders zu erscheinen, als ich
wirklich bin. Auf eine Formel gebracht: Ohne Selbsterkenntnis und Annahme meiner Schwächen und »Schattenaspekte« keine Veränderung,
keine Weiterentwicklung der Persönlichkeit.

Diese Erkenntnis hatte einen großen Einfluß auf unsere Kommunikations-
»Trainings« – paßte das Wort überhaupt noch? An die Stelle der Einübung
eines als ideal proklamierten Verhaltens trat jetzt mehr und mehr die
Selbstklärung und die Selbsterforschung, nach dem Motto:

> *»Willst du ein guter Partner sein, dann schau erst in dich selbst
> hinein!«*

Der Trainer wird zum
»Klärungshelfer«

Die Rolle des »Trainers« verwandelt sich so zu der des »Klärungshelfers«
(vgl. Thomann/Schulz von Thun 2003).

Die Menschen sind wirklich verschieden!

Die zweite für uns »bahnbrechende« Erkenntnis war, daß die Menschen
wirklich verschieden sind! Was der eine zur Weiterentwicklung seiner Persönlichkeit dringend braucht, hat der andere vielleicht schon viel zuviel.
Bisher hatten wir sie mit unseren Standardübungen alle über einen Kamm
geschoren. Jetzt entwickelten wir »ein Auge« für den einzelnen Teilnehmer, seine Eigenarten und spezifischen Entwicklungsbedürftigkeiten. So
gibt es Führungskräfte, denen es gut gelingt, das Verbindende zu sehen
und integrierend die Gemeinsamkeiten herauszuarbeiten. Was sie weniger
gut können und daher vermeiden: das Trennende deutlich zu benennen
und sich konfliktbewußt abzugrenzen, anderen auch einmal »auf den
Schlips zu treten«. Bei jemand anderem ist es vielleicht gerade umgekehrt:

Er braucht zur »Abrundung« seines Stiles ein Übungsangebot im brük-
kenbauenden Entdecken von Gemeinsamkeiten, andernfalls wäre er zwar
gegen die Gefahr seines Kollegen, die Harmonisierung, gut gefeit, würde
dafür aber unter dem ständigen Damoklesschwert feindseliger Frontenbil-
dung leben.

Genau in diesem Zusammenhang wurde das *Wertequadrat* (nach Hellwig
1967) zu einem wichtigen Wahrnehmungs- und handlungsorientierenden
Leitinstrument und als »Entwicklungsquadrat« verstanden (Schulz von
Thun 1989). Das bedeutet: Jeder durch die Persönlichkeit verwirklichte
Wert (z.B. integrative Verbindlichkeit) bedarf eines positiven Gegenwertes
(»Konflikthaftigkeit«), um im Berufsleben eine konstruktive Wirkung zu
erbringen – ohne diese fruchtbare Spannung zum Gegenwert droht er zur
»übertreibenden Entwertung« zu verkommen.

*Werte- und Ent-
wicklungsquadrat*

Die hier geschilderten Beziehungen sehen in der Anordnung des Wertequadrates folgendermaßen aus:

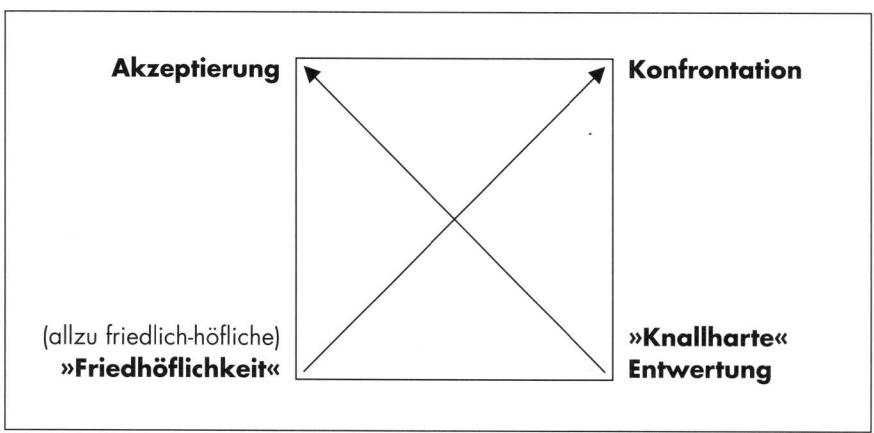

*Abb. 1: Beispiel für ein Werte- und Entwicklungsquadrat im kommunikativen Be-
reich (vgl. Schulz von Thun 1989)*

Diese Betrachtungsweise vermeidet im Kommunikationsseminar unnöti-
ge Pathologisierungen und Selbst-Pathologisierungen: In Übereinstimmung mit dem Wachstumsgedanken der Humanistischen Psychologie erscheinen Entwicklungsrückstände im Verhalten als normal-menschliche

Folge eindimensionaler Optimierung und Fehler als Ausdruck von »des Guten zuviel«. Persönliche Weiterentwicklung ist möglich durch behutsames Betreten von »Vermeidungsfeldern«.

In den zwanzig Übungen wird deutlich werden, daß Teilnehmer in Abhängigkeit von ihren sehr speziellen Entwicklungswünschen Übungen brauchen, die auf sie und ihre Situationen persönlich zugeschnitten sind. Es ist die anspruchsvolle Aufgabe des Leiters, solche Übungen an Ort und Stelle passend zu finden und manchmal zu erfinden.

»Stimmigkeit«

Professionelles Handeln vollzieht sich in komplexen und schwierigen Kontexten. Beileibe nicht jede Situation fordert zur Selbstoffenbarung und zur wahrhaftigen Selbstäußerung heraus. Angemessene Kommunikation muß auch dem Gehalt und dem Charakter der Situation entsprechen, nicht nur dem Wesen des Kommunikators. Als übergeordnetes Leitziel für eine angemessene Kommunikation habe ich den Begriff der »Stimmigkeit« vorgeschlagen (Schulz von Thun 1981, S. 121 und 1998, S. 13ff.). Damit ist gemeint: die doppelte Übereinstimmung einerseits mit mir selber (daß ich dazu stehen kann und mich selbst nicht verleugnen muß) und andererseits mit dem Charakter der Situation, die in einen systemisch-institutionellen Kontext eingebunden ist. Diese beiden Übereinstimmungskriterien befinden sich häufig in einer gewissen Spannung, so daß wir allgemein sagen können: Kommunikation vollzieht sich im *Spannungsfeld von personaler Authentizität und systemisch-situativer Angemessenheit.*

»Stimmigkeit«: Leitziel für eine angemessene Kommunikation

Dieser Begriff der »Stimmigkeit« hat für den Kommunikationsberater einen sehr praktischen Nutzen: Wann immer jemand die Frage stellt und als sein Anliegen formuliert: »Wie kann ich in der und der Situation mit dem Partner am besten kommunizieren?« – dann ist diese Frage prinzipiell erst beantwortbar, wenn wir eine doppelte Klärungsarbeit geleistet haben: einerseits den Blick ins innere Selbst des Ratsuchenden (Selbstklärung) und zweitens den Blick auf den Charakter der Situation und ihr systemisches Umfeld (Feldklärung). Diese »doppelte Blickrichtung«, die auch für die Arbeit eines guten »Coachs« maßgeblich ist, vollzieht sich bei der erlebnisaktivierenden Arbeit vor allem in Phase 1 (s. Seite 43ff.).

18

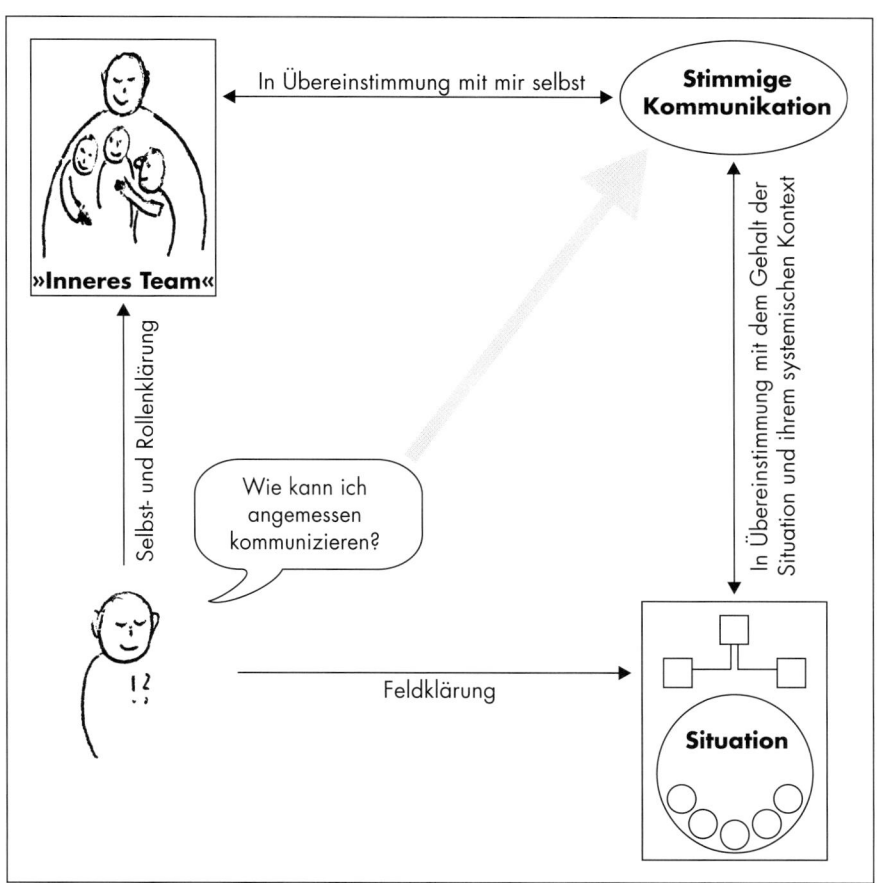

Abb. 2: Doppelte Blickrichtung bei Fragen nach guter Kommunikation

»David und Goliath«

Eine letzte wichtige Erkenntnis war für uns, daß bei der Einübung eines neuen Verhaltensstiles die inneren Hindernisse besonders beachtet sein wollen, die diesem neuen Verhalten entgegenstehen. Denn in der Regel besteht das alte Verhalten nicht aus einer zufällig angelernten Gewohnheit, die man mit einigem guten Willen wieder ablegen kann. Das Gewohnte ist ein Teilglied des gesamten Seelenlebens und trägt zum inneren Gleichgewicht bei.

Das »innere Team« erkennen

19

Abb. 3: Klassische Verhaltensschulung ist der Versuch, »David« gegen »Goliath« aufzubauen (aber die Rechnung wird meist ohne Goliath gemacht!).

Derjenige Teil in uns, der überzeugt und begeistert ein neues Verhalten anstreben will, ist oft klein wie ein David; und der Teil, der vehement das alte Verhalten verteidigt (und der dafür sorgt, daß dieses alte Verhalten nach dem Kommunikationsseminar wieder die Oberhand gewinnt) ist groß und stark wie ein »Goliath« (s. Abb. 3). In traditionellen Verhaltenskursen wird vor allem »David« ermutigt und genährt, Goliath entwertet, geschmäht oder außer acht gelassen. Dies führt dazu, daß zwar »David« begeistert und voller guter Vorsätze das Seminar verläßt, dann aber Goliath »mit seinen Bärenkräften« sehr schnell das innere Terrain zurückerobert. Konsequenz aus dieser Erkenntnis: Das Kommunikationsseminar muß Goliath beachten und mit wohlwollender Gründlichkeit studieren.

Auch Goliath muß beachtet werden

Erst wenn Goliath beachtet, gehört und gewürdigt worden ist, verliert er an subversiver Kraft und kann in den Prozeß der Verhaltensumstellung »eingebunden« werden.

Personenzentrierte Methoden der Humanistischen Psychologie

Nicht nur die bislang beschriebenen Erkenntnisse waren es, die uns mit der Zeit immer mehr Abstand nehmen ließen von dem Training eines »idealen Verhaltens«, sondern auch real erlebte Gruppenerfahrungen im

Kontext humanistischer Therapien. »Wer will arbeiten?« fragte die Leiterin z.B. einer Gestalttherapiegruppe oder einer Psychodramagruppe. Sie brachte kein Programm mit, sondern vertraute darauf, daß die persönlichen Anliegen der Gruppenteilnehmer für lehrreiches Geschehen sorgen würden. Und sie ging »mit der Energie der Gruppe«: Genau das und nur das, was im jeweiligen Augenblick auf der Welle der aktuellen Gefühle nach vorne gespült wurde, sollte auch drankommen! Oft bezog sich die Arbeit auch auf Themen, die mit dem »Hier und Jetzt« zu tun hatten: mit dem Geschehen also, das innerhalb der Gruppenarbeit aufkam, z.B. gefühlsmäßige Blockaden während der Gruppenarbeit oder Schwierigkeiten im Umgang einzelner miteinander. Da die jeweiligen Themen nur im konkreten Zusammenhang mit dem Menschen bearbeitet wurden, der dieses Thema »einbrachte«, war die Atmosphäre meist dicht und lebendig, konkret und menschlich. Es gab kein abgehobenes akademisches Gerede. Anstelle von Übungen, wo Gruppenteilnehmer eine Rolle zu spielen haben, war das Geschehen immer »echt«, und dieses Erlebnis von Echtheit und Tiefe war für die Beteiligten fast immer dazu angetan, ein Gefühl von intensivem Dabeisein und tiefgreifendem Lernen zu vermitteln.

Nach anfänglicher Irritation in einem 14-Tage-Workshop bei Ruth Cohn 1977 stellte sich mir die Frage: Warum arbeitete ich mit meinen Lehrern und Managern nicht auch so? Nein, es geht leider nicht, mußte ich mir selber antworten, und zwar aus zwei Gründen nicht: Erstens, meine Lehrer und Führungskräfte suchten nicht nach persönlicher Selbsterfahrung und Therapie, sondern nach einem effektiven Verhalten im professionellen Kontext. Und zweitens, diese Art, im Hier und Jetzt der Gruppe selbsterfahrungsintensiv und improvisierend zu arbeiten, setzte andere Fähigkeiten voraus, als ich sie hatte. Vom unerschrockenen Umgang mit eigenen und fremden Gefühlen war ich damals weit entfernt, ebenfalls von einem geübten Blick auf Menschen und ihre Eigenarten, auf die verschiedenen Transformationssysteme, die innere Regungen mit äußerem Gebaren verknüpfen. Ich hatte ferner auch größte Mühe, mich selbst in schwierigen Situationen auszudrücken, also meine eigenen Gedanken und Gefühle zum wichtigen Steuerungsinstrument des Geschehens zu machen. Kurzum, ich war noch nicht soweit, aber immerhin: Ich hatte eine Idee, in welche Richtung ich mich selbst und die Methoden meiner Seminararbeit verändern konnte. Außer der eigenen Entwicklung und Kompetenzerweiterung war es nötig, die flexible Vielfalt der Therapiemethoden so zu verwandeln, daß sie *für persönliche Themen beim professionellen Handeln* tauglich wurden. Speziell für die Unterstützung des Selbstklärungsprozesses schienen die Methoden der Humanistischen Psychologie hilfreich.

Menschlichkeit und Professionalität gehören zusammen

Meine Erfahrungen bei Ruth Cohn hatten mich gelehrt, daß Menschlichkeit und Professionalität zusammengehören und daß es also in meinen Seminaren um eine Verbindung von Humanität und Effektivität gehen sollte. So hatte ich eine Idee vor Augen, und es »arbeitete« in mir, während ich noch meine eigenen Seminare überwiegend nach dem alten Konzept durchführte. Irgendwann war ich dann Anfang der 80er Jahre so weit, daß ich meine Teilnehmer aufforderte, ihre persönlichen Fragestellungen und Themen zum Dachthema »Kommunikation« zu formulieren, damit wir an diesen Themen dann nachmittags arbeiten könnten.

Soweit zu meinem eigenen Weg als Kommunikationsberater. Im folgenden einige allgemeine Gesichtspunkte für die erlebnisaktivierende Praxisberatung, wie ich sie im Laufe der 80er Jahre zunächst für mich selbst entwickelt und dann auch in Seminaren didaktisch aufbereitet habe.

Einsatzbereiche erlebnisaktivierender Arbeit

Vielleicht fragen Sie sich, in welchen Zusammenhängen diese Art von Arbeit stattfindet. Inzwischen arbeite ich in ganz verschiedenen Kontexten so. Aber bevor Sie weiterlesen, sollten Sie, falls Sie es nicht ohnehin schon getan haben, in einige der 20 Beispiele »hineinschnüffeln«, um konkreter vor Augen zu haben, worum es geht, wenn ich von »dieser Art von Arbeit« spreche.

Kommunikationsseminare

Am häufigsten arbeite ich mit dieser Methode in *mehrtägigen Kommunikationsseminaren.* Hier sind die Nachmittage für die persönlichen Themen der Teilnehmer und ihre erlebnisaktivierende Arbeit reserviert, meist in Halbgruppen von sechs bis zehn Teilnehmern. Vormittags gibt es Vorträge und Übungen sowie metakommunikatorische Aussprachen über das Prozeßgeschehen im Seminar:

1. Tag	2. Tag	3. Tag	4. Tag
Einführung Vortrag mit Übungen	Aussprache über den Prozeß Vortrag mit Übungen	Aussprache über den Prozeß Vortrag mit Übungen	Aussprache über den Prozeß Vortrag Abschluß
Erhebung und Präsentation der »Anliegen« in Halbgruppen	Erlebnisaktivierende Praxisberatung in Halbgruppen (1)	Erlebnisaktivierende Praxisberatung in Halbgruppen (2)	

Abb. 4: Beispiel für eine Seminarstruktur (3$^1/_2$ Tage) mit erlebnisaktivierender Praxisberatung an Nachmittagen

Am ersten Nachmittag werden die Themen und Fragestellungen der Teilnehmer erhoben und vorgestellt (s. S. 27f.), an den darauffolgenden Nachmittagen kommt jeder, der möchte, irgendwann mit seinem Thema dran.

Kurze Workshops

Erlebnisaktivierende Arbeit setzt Vertrauen und kooperatives Klima in der Gruppe voraus. Dennoch wagen wir es häufig, ebenfalls in kurzen Workshops von eineinhalbtägiger Dauer mit dieser Methode zu arbeiten, wenn auch weniger gründlich und tiefgehend. Ein Workshop im Rahmen einer Ärztefortbildung kann z.B. Freitag abend mit der Einführung und der Gruppenbildung beginnen, kann am Samstag vormittag einen oder zwei Vorträge vorsehen, um dann am späten Vormittag und während des gesamten Nachmittags in erlebnisaktivierende Arbeit mit Kleingruppen von maximal acht Personen zu münden.

Ich habe auch schon mit gutem Erfolg Kurzseminare (zweieinhalb Tage) für Führungskräfte durchgeführt, in denen kein Standardprogramm, keine Vorträge und Übungen geplant waren, sondern die ganze Zeit für Praxisberatung reserviert war: erlebnisaktivierende Arbeit an den mitgebrachten Themen der Teilnehmer. Kurzvorträge habe ich dann zwar auch gehalten, aber nur im Anschluß an eine thematische Bearbeitung – je nachdem, welches Vortragsthema zu diesem Beispiel paßte (vgl. Phase 4, S. 51f.).

Fallsupervision

Erlebnisaktivierende Arbeit an persönlichen Themen eignet sich vorzüglich natürlich auch für die Fallsupervision: Eine gleichbleibende Gruppe von Leuten, die nicht miteinander arbeiten, aber vor ähnlichen professionellen Herausforderungen stehen, trifft sich regelmäßig, um schwierige Fälle aus dem beruflichen Alltag zu bearbeiten. Davon zu unterscheiden ist die Teamsupervision.

Teamsupervision

Teamsupervision *im weiteren Sinne* bedeutet: Bei der Gruppe, deren Teilnehmer an schwierigen Fällen arbeiten, handelt es sich um ein Team. Ansonsten findet in der Supervision genauso Fallbearbeitung statt wie im vorgenannten Fall. Teamsupervision *im engeren Sinne* heißt: Das Team trifft sich regelmäßig unter Leitung eines (externen) Supervisors, um Probleme der zwischenmenschlichen Beziehungen und der Kooperation zu bearbeiten. Es gibt auch Mischfälle, je nach Bedarf. In beiden Fällen eignet sich die erlebnisaktivierende Methodik vorzüglich. Wenn es allerdings in einem Team Konflikte gibt und die Themen entsprechend »heiß« sind, dann ist das Miteinandersprechen über solche Themen in der Regel meist »erlebnisaktivierend«, konkret und tiefgehend genug und bedarf dann keiner methodischen Anstrengungen in dieser Richtung (angemessen in dem Fall die Methoden der »Klärungshilfe«, s. Thomann/Schulz von Thun 1988).

Coaching in Gruppen

Soll eine Gruppe auf eine besondere Aufgabe, auf eine neue Rolle, auf irgendein Projekt vorbereitet werden, dann bietet es sich an, im vorbereitenden und/oder begleitenden Coachingprozeß schwierige Schlüsselsituationen oder z.B. auch innere Vorbehalte/Hindernisse/gemischte Gefühle etc. erlebnisaktivierend in der Gruppe zu bearbeiten.

Grundhaltung des Kommunikationsberaters

Die möglichen Anwendungszusammenhänge erlebnisaktivierender Arbeit sind also sehr vielfältig. Was gleichbleibt, ist die innere Einstellung des Kommunikationsberaters vor Beginn einer Veranstaltung. Diese könnte man folgendermaßen umschreiben:

> *»Ich bin gespannt, was das für Leute sind, was sie zu leisten haben in ihrem beruflichen Umfeld, womit sie sich herumschlagen, was ihnen Mühe macht, was ihre Probleme und Fragestellungen sind. Ich möchte*

nicht, zumindest nicht nur, Vorträge halten (bei deren Inhalten ich ja nie weiß, ob sie ›ins Schwarze‹ treffen), und ich möchte auch nicht Übungen anbieten und vorgeben, sie wären für alle gut (denn solche Übungen gibt es gar nicht). Statt dessen möchte ich so personen- und praxisnah wie möglich an den Themen arbeiten, die die Leute bewegen. Ich muß nicht in Panik geraten, wenn ich selbst keine Lösung weiß! Bei dieser Art von Arbeit kommen die Lösungen nicht von einem klugen Ratgeber, sondern ergeben sich aus dem Prozeß der Arbeit, sei es, daß sie aus den tiefen Quellen der Weisheit strömen, die bei dem jeweiligen Teilnehmer selbst angezapft werden, sei es, daß sie aus der Synergie der Gruppe hervorquellen.«

Mit dieser Einstellung ist für die Leiter zwar ein hoher Anspruch gesetzt, weil sie sich nicht am Haltegerüst eines Programmes festhalten können, sondern auf unplanbare Menschen mit unplanbaren Themen und einer unplanbaren Gruppendynamik reagieren müssen. Gleichzeitig aber enthält diese Art von Arbeit auch eine große Bequemlichkeit und eine große Beruhigung. Die Bequemlichkeit: Ich muß mich nicht, ich kann mich nicht minutiös vorbereiten! Ich gehe in die Gruppe und »lasse mal alles auf mich zukommen«. Allerdings muß ich innerlich sehr anwesend sein, und diese innere Präsenz braucht gleichfalls eine Vorbereitung. – Und die Beruhigung: Ich muß nicht Sorge haben, daß ich mit meinem Angebot (Vorträge und Übungen) schiefliege! Wie habe ich doch früher immer mit bangem Herzen darauf gelauert, ob die Teilnehmer meine Übungen auch gut finden würden (praxisnah, amüsant, lehrreich). Praxisnähe und Personennähe sind bei dieser Arbeit Leistungen, die die Teilnehmer zu erbringen haben, freilich mit meiner vorbereitenden Hilfe. Dazu das nächste Kapitel!

Die Erhebung der Anliegen

Was ist ein »Anliegen«?

Ausgangspunkt der erlebnisaktivierenden Praxisberatung in Gruppen ist das Anliegen eines Teilnehmers. Was wir unter einem »Anliegen« verstehen, müssen wir genauer klären – schon um es der Gruppe vermitteln zu können. Die Idee ist, daß Themen nicht losgelöst von den anwesenden Personen bearbeitet werden sollen. Zum Beispiel wäre »Zeitgemäße Mitarbeitermotivation« vielleicht ein geeignetes Thema für einen Vortrag, nicht jedoch für die persönliche Praxisberatung in Gruppen. Ein »Anliegen« wird aus diesem Thema erst, wenn jemand persönlich davon tangiert ist und es mit einer Fragestellung verbindet, z.B.:

Ausgangspunkt ist das »Anliegen« eines Teilnehmers

> »*Wie kann ich meine Mitarbeiter motivieren (ich denke da vor allem an drei Leute), nachdem aufgrund von Umorganisationen klar geworden ist, daß sie in dieser Abteilung keine Perspektive mehr haben?*«

Wichtig bei der Formulierung eines Anliegens ist es,

* daß eine offene Frage enthalten ist;

* daß das Wort »ich« darin vorkommt (denn je nachdem, aus welchem Holz du geschnitzt bist, wie groß deine Macht ist und wie deine Beziehungen zu den Mitarbeitern sind – je nachdem muß die Antwort natürlich auch anders ausfallen);

* daß die Frage eine positive Zielrichtung enthält (die Formulierung »mangelnde Mitarbeitermotivation« beinhaltet noch kein positives Anliegen. Die mit diesem Problem verbundene positive Zielrichtung könnte in ganz verschiedene Richtungen gehen: Wie kann ich sie motivieren? Wie kann ich die Leistung auch ohne Motivation sicherstellen? Wie kann ich mich bestmöglich aus dem Staube machen? Wie

27

kann ich es beim nächsten Mal, wenn ich eine Abteilung übernehme, von Anfang an besser machen? ...);

❖ daß die Erreichung des Zieles zumindest teilweise unter Kontrolle des Protagonisten sein muß (»Protagonist« nennen wir denjenigen Teilnehmer, der das Anliegen formuliert und damit in der Gruppe drankommt).

»Anliegen« anstelle von »Problem«

Eine Fragestellung »Wie müßte die Konzernspitze auf die veränderte Marktlage reagieren?« wäre nach dieser Definition kein Anliegen, da das Wort »ich« mit der Möglichkeit, aus eigenen Kräften Einfluß auf diese Fragestellung zu nehmen, fehlen würde.

Ich verwende das Wort »Anliegen« auch, um das Wort »Problem« zu vermeiden. Denn erstens hat es für viele Menschen etwas ehrenrühriges, »Probleme zu haben«. Und zweitens geht es bei dieser Art von Arbeit gar nicht nur und gar nicht in erster Linie um die Lösung von Problemen, sondern darum, Erkenntnisse über zwischenmenschliche Zusammenhänge und meinen Eigenanteil daran zu gewinnen. Persönliche Themen und Fragestellungen, die sich für den einzelnen in seiner beruflichen Praxis ergeben, werden reichlich vorhanden sein, ohne daß es schwerwiegende »Probleme« sein müssen. Selbstverständlich ist aber jeder willkommen, der etwas einbringen will, was er als Problem empfindet.

Um den Teilnehmern einen ersten Eindruck zu geben, in welche Richtung so ein Anliegen gehen kann, benutzen wir gerne die Abbildung auf der gegenüberliegenden Seite.

Hier ist eine erste grobe Typologie von Anliegen vorgesehen. Beginnen wir von unten: Es kann sich erstens um ein Anliegen handeln, das in starkem Maße das so wichtige Instrument der eigenen Person zum Gegenstand hat. Zum Beispiel: »Wie kann ich mehr aus mir herauskommen?« Oder: »Wie kann ich, dem es leichtfällt zu kritisieren, auch mal lobende und anerkennende Worte finden?« – Dieses sind Beispiele für ich-nahe Anliegen, die zur Selbsterfahrung und zur persönlichen Entwicklung einladen.

Zweitens kann es um die Bewältigung bestimmter schwieriger Situationen oder Beziehungen gehen, z.B.: »Wie kann ich in einer Konferenz reagieren, wenn ein Teil lustlos und einsilbig dasitzt und hinterher über alles

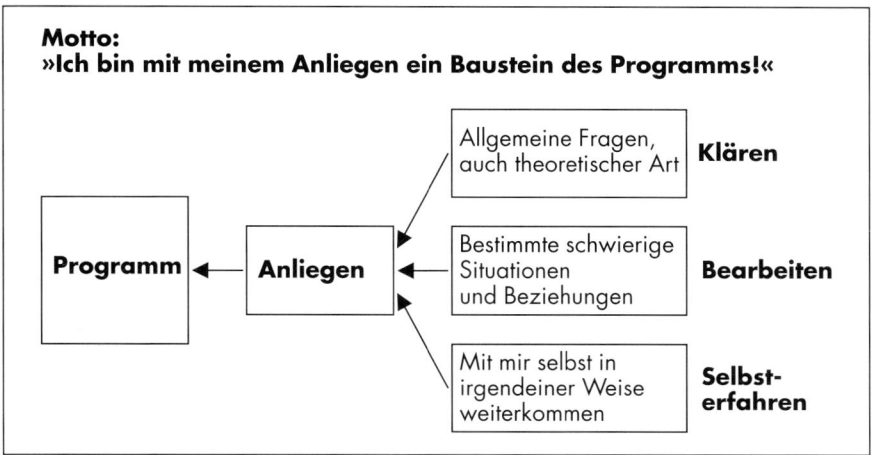

Abb. 5: *Visualisierung für Gruppenteilnehmer, um den Sinn und den Charakter eines persönlichen »Anliegens« zu verdeutlichen*

lästert?« Oder: »Wie kann ich mit einem frechen Mitarbeiter fertig werden, der geradezu mein Angstgegner geworden ist?«

Drittens lade ich auch zu Anliegen ein, die zunächst mehr theoretischer und abstrakter Natur zu sein scheinen, z.B.: »Soll ein Vorgesetzter sich mit seinen Mitarbeitern duzen?« Dies scheint im Gegensatz zu stehen zu den obengenannten Kriterien eines Anliegens. Da jedoch manche Teilnehmer blockiert und abwehrend reagieren, wenn sie »gleich etwas ganz Persönliches« in eine Gruppe einbringen sollen, lasse ich hier manchmal eine mehr abstrakte und verstandesbetonte Annäherung zu. Die (spätere) Bearbeitung dieser Fragestellung wird dann ohnehin den konkreten Hintergrund der Frage herausarbeiten können.

Umgang mit Abwehr und Widerstand

Wir sind unversehens bei einem anderen Thema gelandet, für das ich hier einige Zeilen reservieren möchte. Einige Teilnehmer reagieren wenig begeistert, wenn sie eingeladen werden, ihre persönlichen Themen zu nennen und aus ihrer Praxis zu berichten. Sie sind gekommen, um zu hören, was die angeblichen Kapazitäten Neues zu lehren und zu berichten haben, um sich dann für eigene Zwecke das Passende herauszusuchen – oder auch nicht. Ansonsten wollen sie sich heraushalten.

Unser Seminarkonzept ist für diese Haltung eine Bedrohung und eine Provokation. Und selbst wenn nur sehr wenige Teilnehmer mit einer solch extremen Haltung ankommen, gilt doch für die meisten, daß sie diesbezüglich zwei Seelen in ihrer Brust haben: die eine, die sich nicht exponieren, schon gar nicht entblößen möchte, die alles Persönliche vermeiden möchte; die andere, die ein Bedürfnis hat, sich mitzuteilen, in einen offenen Austausch zu treten, einmal nicht nur die souveräne Fassade zeigen zu müssen, sondern auch einmal die inneren Fragezeichen und Ratlosigkeiten zulassen zu können. Diese »zweite Seele« gewinnt aber nur dann in einem Seminar die Oberhand, wenn hinreichend Vertrauen gewachsen ist und Druck und Angst gering geworden sind. Aus diesem Grunde ist es *Die »Anliegen«* wichtig, die Einladung zur Bearbeitung von Anliegen nicht mit Druck zu *keinesfalls* verbinden. Auch nicht mit Offenheitsdruck im Sinne von »jeder sollte *erzwingen* doch hier offen seine Probleme bekennen ...« – im Gegenteil: Theoretische Fragen sind gleichfalls willkommen, und wenn jemand (noch) kein Anliegen hat, ist das ebenfalls völlig in Ordnung – vielleicht ergibt es sich noch im Laufe der weiteren Arbeit (vgl. Fallbeispiel 18).

Geleitete Vorbereitung

Einige Teilnehmer haben ihr Anliegen schon »in der Tasche«: Sie wissen genau, welches Lebensthema oder welche Situation aus ihrer Praxis sie einbringen und bearbeiten wollen. Andere wiederum sind innerlich noch meilenweit von ihrem persönlichen Thema entfernt. Würden wir jetzt nach der Methode »Freiwillige vor!« verfahren, müßten wir für den weiteren Gruppenprozeß mit zwei Gefahren rechnen: Es könnte eine Polarisierung zwischen »Offenen« und »Verschlossenen« eintreten, die sich möglicherweise mit der Zeit weiter vertieft. Zweitens, die »Offenen«, die bereits ein Thema haben und damit herauskommen, könnten aufgrund der mangelnden Gemeinsamkeit und des noch nicht gewachsenen Vertrauens mit ihrem »heißen« Thema in eine »kalte« Atmosphäre geraten!

Von daher ist es günstig, ein gemeinsames Vorbereitungsforum zu schaffen, in dem ein Thema innerlich entstehen kann und im intimen Rahmen einer Kleinstgruppe (zwei bis drei Personen) »das Licht der Welt erblickt«. Bewährt haben sich folgende Vorbereitungsschritte, die wir im einzelnen näher besprechen:

Günstig ist es, eine gemeinsame Grundlage zu schaffen

– Besinnungsanleitung
– »Hebammengespräch«
– Sich ein Bild machen: ein Bild malen
– Strukturierte Vorklärung nach dem Thomann-Schema

Besinnungsanleitung

Nachdem vorher erklärt worden ist, was ein »Anliegen« ist (z.B. anhand von Abb. 5) und welche Bedeutung es im Kontext des Seminares haben soll, bietet der Leiter den Teilnehmern eine kleine Besinnungsanleitung an. Diese ist je nach Thema und Kontext spezifisch zu entwerfen. Sie könnte etwa, bei einem Kursus »Kommunikation und Führung« für Führungskräfte, folgendermaßen beginnen:

»Ich möchte Sie jetzt bitten, sich für die folgenden fünf bis zehn Minuten bequem zu setzen, den Rücken aufzurichten, die Beine mit beiden Füßen fest auf den Boden zu stellen, in einen Zustand von wacher Entspannung zu kommen, ein- und auszuatmen und, wenn Sie mögen, die Augen zu schließen – oder wenn Ihnen das unangenehm ist, für die Augen irgendwo im Raum einen Fixpunkt zu suchen, so daß Sie jetzt in Kontakt mit sich selber kommen können und nicht abgelenkt sind durch andere.
Es soll im folgenden darum gehen, das Thema dieses Kurses (›Kommunikation und Führung‹, also wie gehe ich in der Rolle des Vorgesetzten mit Menschen um) mit der eigenen Berufspraxis zu verbinden. Vielleicht schauen Sie mal, ob Ihnen irgendwelche Bilder, Erinnerungen oder Vorstellungen kommen, die mit unserem gemeinsamen Thema zu tun haben. Vielleicht taucht das Bild eines Mitarbeiters auf, zu dem Sie den Kontakt als schwierig oder in irgendeiner Weise als herausfordernd erleben. Vielleicht kommt Ihnen auch die wöchentliche

Konferenz in den Sinn, wo alle an einem Tisch sitzen und wo es vielleicht irgend etwas gibt, was Sie ändern, verbessern, umgestalten möchten. – Und wenn Sie jetzt einmal nur sich selbst betrachten: Wie ist das für Sie, Vorgesetzter zu sein? Wie fühlt sich das an?« Usw.

Sinn und Ziel der Anleitung ist es, Ereignisse, schwierige Situationen, Gedanken und Gefühle zur eigenen Rolle an die Oberfläche kommen zu lassen, so daß das Rahmenthema des Kurses sich mit individuellem Leben und Erleben verbindet. Zum Schluß dann die Frage:

»Gibt es irgend etwas von dem, was Ihnen bis jetzt in den Sinn gekommen ist, das Sie hier zur Sprache bringen möchten? Sei es, daß Sie sich selbst genauer unter die Lupe nehmen möchten, sich selbst erforschen oder in irgendeiner Hinsicht mit sich selber weiterkommen möchten; oder sei es, daß es da eine wiederkehrende oder bevorstehende schwierige Situation gibt, die Sie einmal genauer untersuchen möchten; sei es, daß schwierige Beziehungspartner vor Ihrem geistigen Auge aufgetaucht sind, zu denen Sie die Beziehung anschauen und wenn möglich verbessern wollen. Und wenn Sie noch uneinig sind mit sich selbst, was Sie zum Thema machen wollen, oder wenn Sie noch gar nichts Konkretes vor Augen bekommen haben, dann setzen Sie sich nicht unter Druck, und gönnen Sie sich die nötige Reifezeit.«

Nach der Besinnungsanleitung stehen wir vor der methodischen Entscheidung: jetzt »Hebammengespräch« (zu zweit) und/oder ein Bild malen im stillen Kämmerlein! Wenn genügend Zeit ist, können diese beiden Methoden sehr gut miteinander kombiniert werden.

»Hebammengespräch«

Immer zwei Teilnehmer finden sich zusammen, um ihre beiden Anliegen in einem Gespräch von zweimal 15 Minuten genauer zu entwickeln. Hier ist eine günstige Gelegenheit, daß immer zwei zusammenkommen, die sich noch nicht oder nicht gut kennen. Die Aufgabe der »Hebamme« besteht darin, das oft noch diffuse Gemisch aus äußeren Situationsmerkmalen, Vorgeschichte, eigenen Verhaltensweisen, Gefühlen, Zielen, mit denen der

Protagonist »schwanger geht«, durch aktives Zuhören und Bündeln auf den Punkt zu bringen. Die Hebamme ist dabei also »auf Empfang geschaltet«. Sie nimmt auf und hilft, das Gemisch zu einem wirklichen Anliegen zu fokussieren.

Der Charakter und der Sinn dieses »Hebammengesprächs« ist vom Leiter kurz zu erklären, mit besonderer Betonung darauf, daß es hier streng verboten ist, bereits nach Lösungen Ausschau zu halten (Lernziel: »Lösungslosigkeit aushalten«), sondern daß es darum geht, das Thema, das Anliegen genau herauszuarbeiten und formulierungsreif zu machen. Die Hebamme soll

– aktiv zuhören,
– nachfragen,
– zusammenfassen und bündeln,

vor allem aber

– innerlich mitgehen

und keinesfalls

– eigenen Senf dazugeben.

Nach 15 Minuten (Glockenzeichen) werden die Rollen gewechselt.

War vorher langes Sitzen angesagt und ist das Wetter schön, kann dieses halbstündige Hebammengespräch auch auf einem Spaziergang geführt werden. Günstig ist auch eine anschließende Kaffeepause, dann geraten die, die länger brauchen, nicht so unter Zeitdruck.

Sich ein Bild machen: ein Bild malen

Diese Methode kann alternativ oder ergänzend gebraucht werden. Alternativ bietet sie eine Vertiefung der Selbstbesinnung und Selbstklärung, gleichsam im »stillen Kämmerlein«:

»Bitte nehmen Sie sich einen großen Bogen Papier und einige bunte Stifte, und suchen Sie sich irgendwo im Haus einen ruhigen Platz, an dem Sie Ihr Thema ausbrüten können und dann anschließend zu Pa-

pier bringen. Das Besondere ist, daß Sie es als Bild darstellen sollen. Dazu müssen Sie kein großer Künstler sein, vielleicht sind Sie auch überzeugt, Sie können überhaupt nicht malen: Gedacht ist nur daran, mit einigen Strichmännchen oder Sprechblasen oder frei zu wählenden Symbolen (Wolken, Sonne, Regen, Blitze, Pfeile, Fallgruben, alles, was Ihnen einfällt) das Thema so vor Augen zu bekommen, daß Sie hinterher die anderen darüber ›ins Bild setzen‹ können. Ihr Bild muß nicht aus sich heraus verständlich sein, Sie erklären es ja der Gruppe. Bitte kein Perfektionsanspruch! Wenn Sie einen ›Stein der Weisen‹ malen wollen und es sieht dann aus wie eine Kartoffel, können Sie hinterher immer erklären, was es sein soll. Ich bin nicht darin geschult, und es ist nicht Sinn der Sache, Ihr Bild hinterher nach tiefen Geheimnissen Ihrer Seele auszuforschen, sondern es soll dazu dienen, die andere Gehirnhälfte mit zu aktivieren – für Sie selbst und auch für die Teilnehmer Ihrer Halbgruppe, die sonst im Meer der Worte ertrinken würden, wenn acht Personen ihr Thema vorstellen. Sollten Sie an irgendeiner Stelle ins Stocken oder in eine Sackgasse geraten, rufen Sie mich gern zur Hilfe. Wichtig ist, daß Sie in der nächsten halben Stunde ungestört sind und Ihrer zeichnenden Hand ein bißchen freien Lauf lassen können. Es ist Ihnen überlassen, ob Sie ein Gesamtbild entwerfen oder ob es kunterbunt aus verschiedenen Teilen zusammengemixt ist.«

Eine andere Variante: Sie können die Methode »Hebammengespräch« und »Bild malen« kombinieren, z.B. in folgender Weise: A und B kommen in einer Zweiergruppe zusammen, A berichtet über sein Thema, simultan und/oder danach fertigt B daraufhin ein Bild von A und seiner Situation an. Dabei kann A helfend und korrigierend eingreifen. Anschließend umgekehrt. In der Gruppe stellt günstigerweise jeder dasjenige Bild vor, das ihn betrifft (das er aber nicht gemalt hat). Eine zusätzliche Alternative bietet das Thomann-Schema.

Intensive Vorklärung nach dem Thomann-Schema

Wenn Zeit genug vorhanden ist, die Selbstklärungsvorphase zu vertiefen, dann bietet sich die Arbeit nach einem Schema an, das mein Kollege Christoph Thomann erfunden hat. Es eignet sich besonders für die Arbeit mit

Führungskräften, deren menschliche und zwischenmenschliche Herausforderungen meist in einen komplexen organisatorischen und strukturellen Kontext eingebunden sind.

Nach der Besinnungsanleitung und/oder nach dem Hebammengespräch werden die Teilnehmer dazu eingeladen, ihr Anliegen nach einem bestimmten Arbeitsschema aufzubereiten. Das Schema besteht aus vier Feldern und einem Dach für die jeweilige Überschrift.

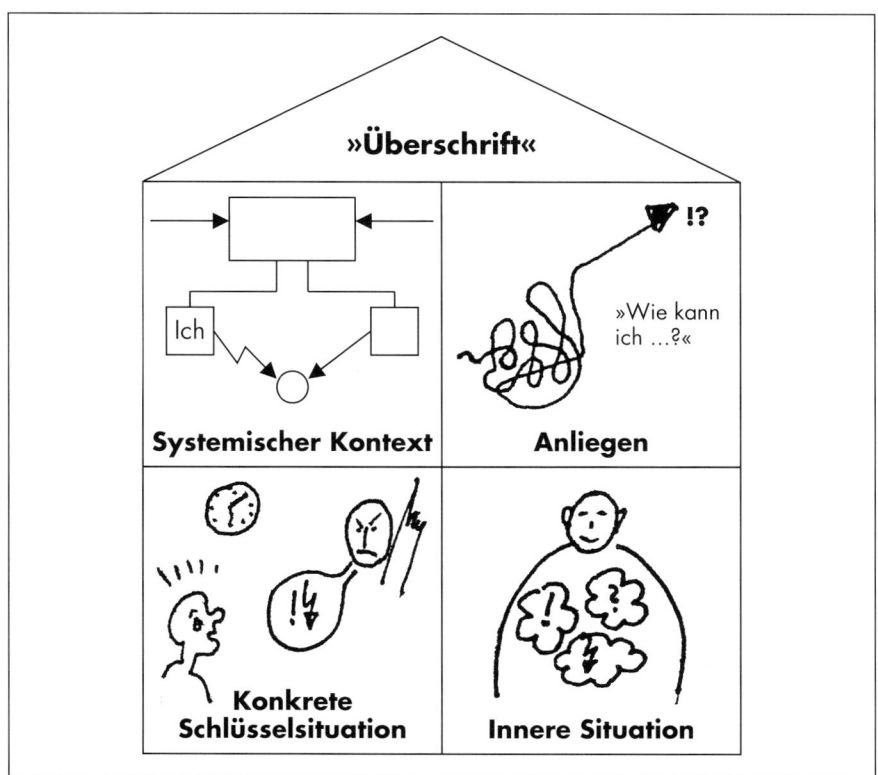

Abb. 6: Thomann-Schema zur intensiven Vorklärung des Anliegens

Nacheinander werden jetzt die vier Felder erklärt. Das Feld oben rechts ist reserviert für eine prägnante Formulierung des Anliegens (»Wie kann ich ...?«). Zusätzlich zu der sprachlichen Formulierung kann der Teilneh-

Formulierung des Anliegens

35

mer, wenn er ein Bild vor Augen hat, seine Zielvorstellung durch eine kleine Abbildung verdeutlichen.

Beispiel: Ein Abteilungsleiter hat in seinem Sekretariat zwei Mitarbeiterinnen. Diese beiden geraten immer wieder giftig und gehässig aneinander. Seine Fragestellung, die er oben rechts einträgt, lautet: »Wie kann ich beide gemäß ihren Eigenschaften und Fähigkeiten einsetzen, ohne daß sich eine der beiden bevorzugt oder benachteiligt fühlt?« (s. Abb. 7).

Systemischer Kontext

Das Feld oben links ist reserviert für den strukturellen Hintergrund des Anliegens. Hier sollen die Teilnehmer eine kleine Zeichnung anfertigen, aus der hervorgeht, wie die beteiligten Menschen hierarchisch/funktional/ historisch miteinander verknüpft sind. Auch soll die eigene Stellung und Rolle im Ganzen sichtbar werden.

Beispiel: Im eben genannten Beispiel ist der systemische Hintergrund relativ einfach (s. Abb. 7).

Konkrete Schlüsselsituation

Das Feld unten links ist reserviert für eine konkrete Schlüsselsituation, an die sich der Teilnehmer erinnern kann (oder die er sich vorstellt, sofern das Anliegen sich auf eine zukünftig zu bewältigende Situation bezieht). Hier treten oft Menschen mit konkreten Sätzen usw. auf. Auf jeden Fall soll hier eine Szene dargestellt werden, in der das Problem exemplarisch konkret erlebbar geworden ist.

Im genannten Beispiel steht der Abteilungsleiter zwischen seinen beiden Mitarbeiterinnen, während diese sich gegenseitig beschuldigen bzw. sich bei ihm beschweren. Die eine sagt: »Ich werde nicht informiert!« Die andere: »Du spionierst mir nach!« (s. Abb. 7).

Innere Situation des Protagonisten

Das Feld unten rechts ist reserviert für die innere Situation des Protagonisten. Was geht in ihm vor, wenn er sein Anliegen betrachtet oder wenn er in der Praxis davon tangiert ist? Welche Gedanken, Gefühle, innere Stimmen regen sich in ihm? Hier wird der Teilnehmer eingeladen, sich selbst mit einem großen, dicken Bauch zu zeichnen, so daß er in den Bauch hinein seine innere Konstellation einzeichnen kann. Ist in der Gruppe die Modellvorstellung vom »Inneren Team« (Schulz von Thun, 1998) bekannt, dann ist dies eine gute Gelegenheit, sich mit dieser Modellvorstellung am konkreten Beispiel vertraut zu machen.

Abb. 7: Praxisbeispiel für ein ausgefülltes Thomann-Schema

Im genannten Beispiel (s. Abb. 7) ist der Abteilungsleiter hin- und hergerissen zwischen der Sorge um Frau A und seinem schlechten Gewissen ihr gegenüber und seinem Gefühl von Abhängigkeit gegenüber der tüchtigen Frau B.

Das Dach über dem Vier-Felder-Schema ist reserviert für eine treffende Überschrift: Wenn ein guter Journalist über diese Geschichte schreiben würde, welche Überschrift könnte er wählen, so daß der Kern des Ganzen getroffen wird? Der Teilnehmer wird eingeladen, eine solche Überschrift selber zu (er-)finden. Im Beispiel: »Dreiecksbeziehung im Sekretariat«.

Treffende Überschrift formulieren

Dieses Thomann-Schema ist in zweierlei Hinsicht hilfreich. Zum einen für die Gruppe, die sehr schnell in die wesentlichen Bestimmungsstücke des

Falles eingeführt wird, auch mit Hilfe von visuellen Elementen, die helfen, nicht »im Meer der Worte zu ertrinken«. Zum anderen, und das ist noch wichtiger, für den Protagonisten selbst: Er leistet nämlich so eine intensive Vorklärung seiner Frage. Manchmal ist damit schon die halbe Arbeit getan.

Mit jedem der vier Felder verbindet sich ein (gar nicht so) »heimlicher Lehrplan«: Im Anliegen-Feld (oben rechts) werden wir aufgefordert, unsere Zielsetzung auf den Punkt zu bringen, einzugrenzen und prägnant zu machen. Das fällt besonders solchen Teilnehmern schwer, die von der Problemvielfalt zugeschüttet sind und gar nicht wissen, womit sie anfangen sollen. Das gleiche gilt auch für solche, die Mühe haben, in einem schwierigen Feld ihre eigene Urheberschaft zu sehen und zu finden. Diese ergehen sich leicht in endlosen Analysen, was alles schlecht läuft und problematisch ist. Im Anliegen-Feld werden sie statt dessen eingeladen, sich auf die Suche nach einer persönlichen Antwort und einer persönlichen Ver-Antwort-ung zu begeben.

Das Feld oben links (systemischer Hintergrund) fällt Führungskräften meist am leichtesten: Sie sind gewohnt, strukturelle Zusammenhänge wahrzunehmen und in diesen zu denken. Teilnehmern hingegen, die der psychosozialen Welt angehören, fällt es oft schwer, den strukturellen Kontext klar ins Auge zu fassen. Für sie enthält dieses Feld eine heilsame Aufgabe.

Das Feld unten links (konkrete Schlüsselsituationen) fällt besonders solchen Teilnehmern schwer, die gerne abstrakt und akademisch denken. Diese werden hier angeleitet, auf den Boden konkreter und erlebter Tatsachen zurückzukehren. Für die Zuhörer wird durch diese Konkretion das Thema erst anschaulich.

Das Feld unten rechts schließlich (persönlicher Hintergrund, innere Konstellation) ist besonders schwierig und heilsam für solche Teilnehmer, für die die eigene Innenwelt ein Buch mit sieben Siegeln darstellt, die unbeholfen und ungeübt darin sind, eigene Gefühle, innere Konflikte, persönliche Eigenarten etc. wahrzunehmen und zu benennen. Es schadet dabei nichts, wenn dieser erste Schritt zur Selbstklärung »mager« und wenig aussagekräftig bleibt. Die erlebnisaktiverenden Methoden, die bei der Bearbei-

38

tung des Falles später zum Einsatz kommen, sind gerade dafür da, diese Selbstklärung zu vertiefen und verdeutlichen.

Auch bei der Anfertigung dieses Thomann-Schemas gibt es die Alternative zwischen der Alleinarbeit und der Partnerarbeit. Die Leiterin kann es jedem Teilnehmer selbst überlassen, ob er dieses Schema allein oder zusammen mit einem Partner wechselseitig ausfüllen will.

Die Vorbereitungsschritte für die erlebnisaktivierende Fallarbeit sind nun nahezu abgeschlossen. Die folgende Abbildung zeigt die einzelnen Schritte und Alternativen noch einmal im Überblick:

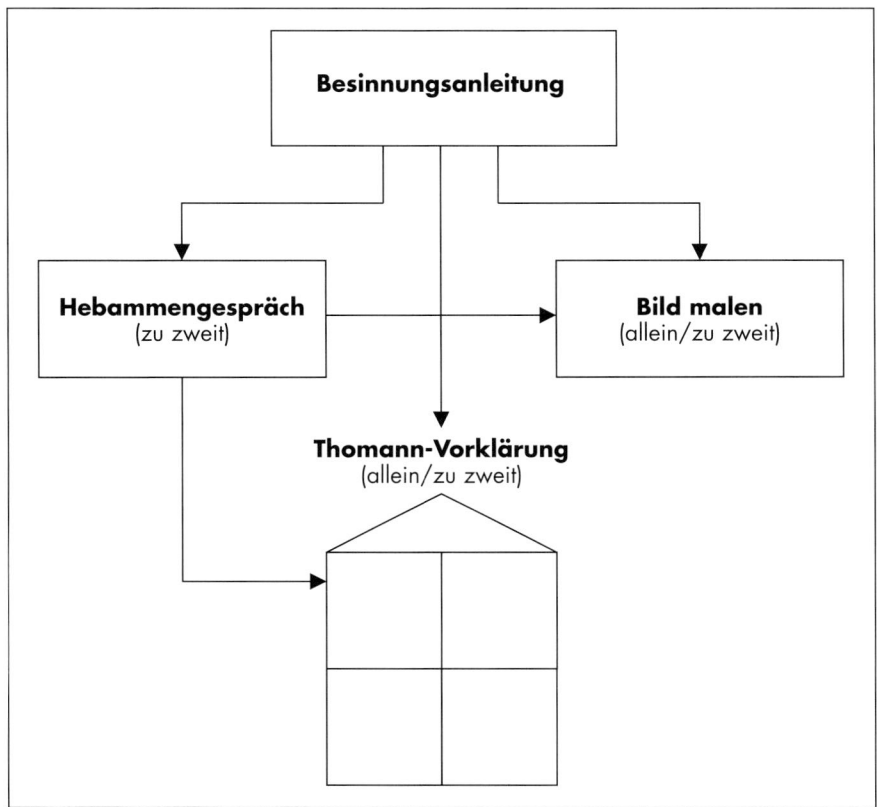

Abb. 8: Ablauf und Alternativen für die Erhebung von Anliegen

Die Bearbeitung der Anliegen

Wer beginnt?

Nachdem wir den ganzen Kontext der erlebnisaktivierenden Arbeit an persönlichen Themen ausgeleuchtet haben und dabei immer näher an das hier darzustellende Geschehen herangerückt sind, befinden wir uns nun an der Stelle, wo ein Protagonist mit seinem Thema an der Reihe ist. Vielleicht hat jemand sich freiwillig gemeldet und möchte gern als erster drankommen. Vielleicht will auch keiner so recht den Anfang machen. Dann hat der Leiter verschiedene Möglichkeiten. Er kann z.B. die Teilnehmer bitten, auf einer imaginären Skala zwischen 0 und 100 im stillen eine Zahl festzulegen, die den eigenen Ambivalenzzustand charakterisiert:

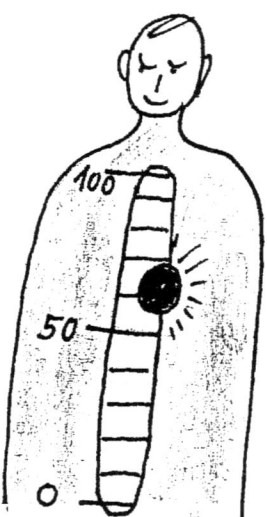

Abb. 9: Imaginäre »Temperatur«-Skala eines Teilnehmers

40

100 bedeutet: Ich möchte unbedingt drankommen, und zwar jetzt! 0 bedeutet: Ich möchte jetzt auf gar keinen Fall drankommen. 50 bedeutet: Halb und halb, einerseits möchte ich gerne jetzt, andererseits habe ich aber auch Angst oder möchte mich nicht vordrängen – usw. Nachdem alle ihre Zahl im stillen festgelegt haben, wird sie preisgegeben. Es beginnt dann der Teilnehmer mit der höchsten Zahl (oft bei etwa 73). Angenommen, die Zahlen würden alle zwischen 0 und 20 liegen, gibt dies der Leiterin die Gelegenheit, die Ursachen für die zögerlichen Anmeldungen zu erkunden und die inneren Hindernisse zu thematisieren (Noch nicht genug Vertrauen in der Gruppe? Angst davor, gegenüber Nichtanwesenden indiskret zu werden? Ein unterschwelliger, noch nicht ausgetragener Konflikt in der Gruppe?).

Der Teilnehmer mit der höchsten Zahl beginnt

Die Beziehungsfäden zwischen den Teilnehmern müssen geknüpft und einigermaßen intakt sein, sie bilden das »Fallnetz«, in das ein Protagonist mit weicher Landung hineinplumpsen kann, wenn ihm der Balanceakt zwischen Sicheinlassen/Sichöffnen einerseits und Dosierung/Intimitätsschutz andererseits in irgendeiner Weise mißlingen sollte (s. Abb. 10, S. 42). Auch wenn ein solcher Absturz bei guter Leitung wenig wahrscheinlich ist, so muß doch dieses Fallnetz gut gespannt sein, damit der Balancierende sich überhaupt auf das Seil hinauftraut.

Es kann auch der Teilnehmer beginnen, der für sein Anliegen von der Gruppe ein besonderes Interesse entgegengebracht bekommt. Vielleicht hat der Leiter das Gruppeninteresse mit Hilfe von Klebepunkten vorher erkunden lassen. Ich selber mache dies nur in Ausnahmefällen, um eine Konkurrenz um die Attraktivität der eingebrachten Themen möglichst nicht aufkommen zu lassen. Wenn aber schon im Vorwege klar ist, daß nicht jeder mit seinem Thema drankommen kann, dann kann das Interesse der Gruppe doch zu einem maßgeblich mitbestimmenden Faktor werden.

Schließlich ist es auch möglich, daß der Leiter nach seinen Gesichtspunkten einen Vorschlag für das Startthema macht: »Von mir aus würde ich gerne mit dem Thema von Frau Müller anfangen, weil dies, soweit ich sehe, den engsten Bezug zu unserem Thema von heute vormittag hat. Wären Sie, Frau Müller, einverstanden, und wären es die anderen auch?«

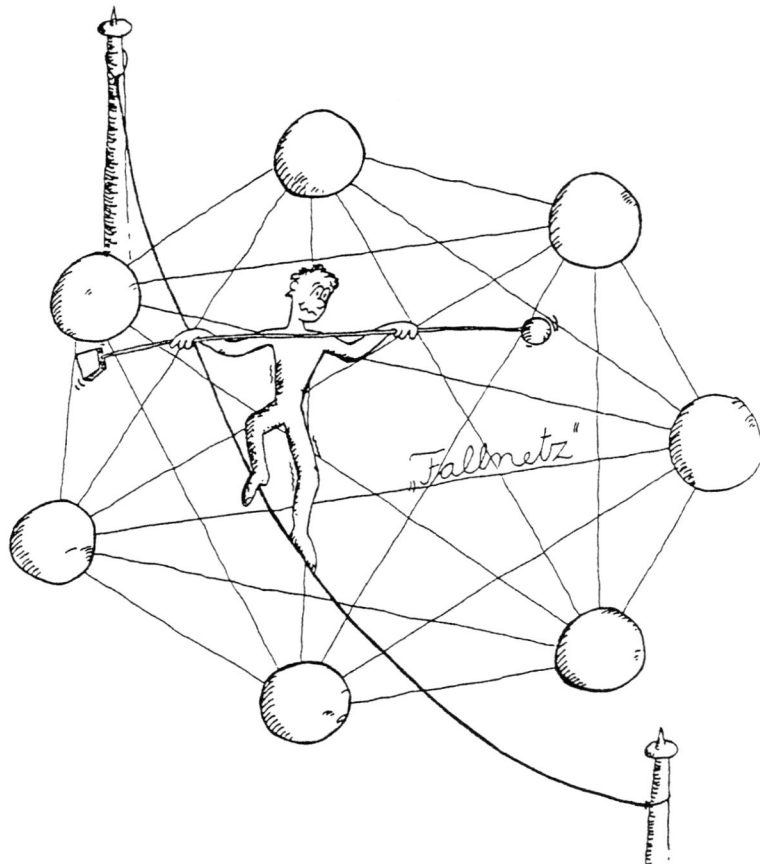

Abb. 10: *Das Netzwerk intakter Beziehungen unter den Gruppenmitgliedern bildet das »Fallnetz« für den Balanceakt des Protagonisten zwischen Offenheit und Intimitätsschutz.*

Vier Phasen der Bearbeitung

Jede Fallbearbeitung läuft anders, je nach Thema, je nach Temperament und Eigenart des Protagonisten und je nachdem, wie die Gruppe darauf »anspringt«. Im allgemeinen aber strebe ich einen Ablauf an, der sich in vier Phasen untergliedern läßt.

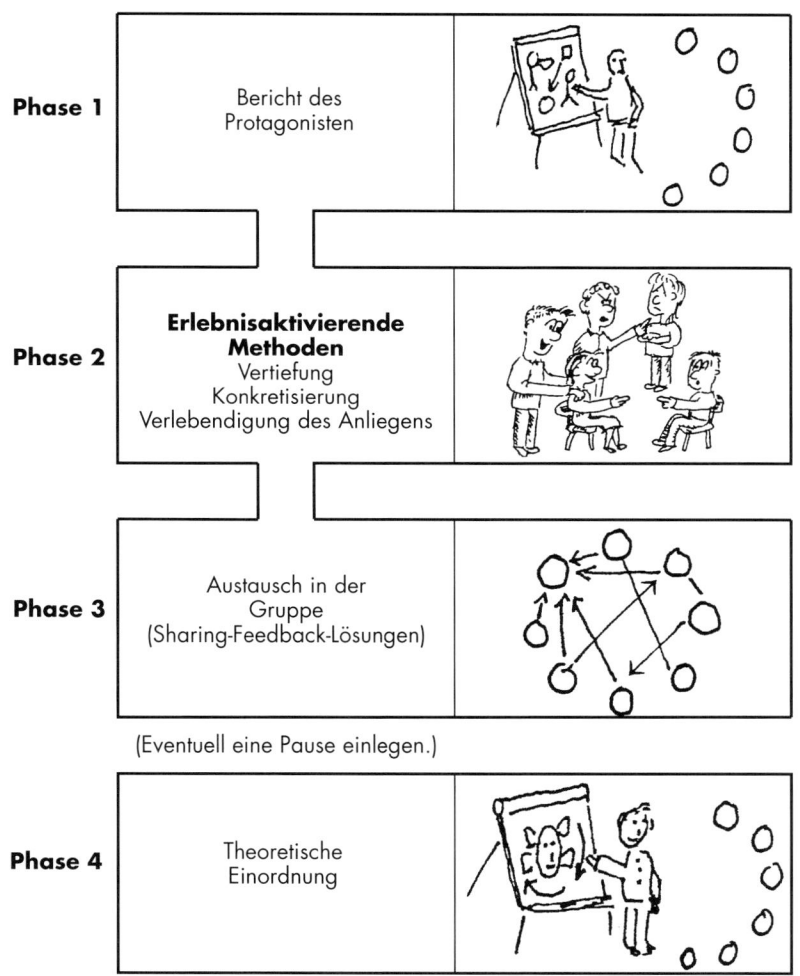

Phase 1	Bericht des Protagonisten	
Phase 2	**Erlebnisaktivierende Methoden** Vertiefung Konkretisierung Verlebendigung des Anliegens	
Phase 3	Austausch in der Gruppe (Sharing-Feedback-Lösungen)	

(Eventuell eine Pause einlegen.)

Phase 4	Theoretische Einordnung	

Abb. 11: Vier Phasen erlebnisaktivierender Kommunikationsberatung

Phase 1: Bericht des Protagonisten

In der Phase 1 berichtet der Protagonist »frei Schnauze« von seinem Anliegen. Wenn alle ihr Thema bereits vorgestellt haben, dann wird er nicht alles noch einmal wiederholen, sondern knüpft an das Berichtete an, zeigt noch einmal sein Bild vor und berichtet, was ihm dazu wichtig ist. Sowohl der Leiter als auch die Gruppenteilnehmer können dazu Verständnis- und Erkundungsfragen stellen. Die Erkundungsfragen beziehen sich auf die vier Felder des Thomann-Schemas (vgl. Abb. 6, S. 35).

Systemischer Kontext   Auf das Feld oben links (systemischer Kontext) zielen Fragen wie: »Wie ist der Rollenkontext dieses Konfliktes, von dem du sprichst?« – »Wie ist die Geschichte eurer Beziehung (mit dem Konfliktpartner) in diesem Unternehmen?« – »Ist sein Chef auch dein Chef?« ...

Konkrete Schlüsselsituation   Auf das Feld unten links (konkrete Schlüsselsituation) zielen Fragen wie: »Sag mal ein Beispiel, wo dieser Konflikt für dich spürbar wurde?« – »Habt ihr schon einmal darüber geredet? Wie war das?« – »Gab es einen konkreten Vorfall, an den du dich erinnern kannst, wo dir diese Schwierigkeit besonders zum Bewußtsein gekommen ist?« ...

Innere Situation   Auf das Feld unten rechts (innere Situation) beziehen sich Fragen wie: »Und was genau ist für dich so schlimm daran?« – »Und kannst du dazu stehen, wie du dich verhalten hast, oder hast du ein schlechtes Gewissen?« – »Ich habe noch nicht genau verstanden, wovor du Angst hast!«

Anliegen   Auf das Feld oben rechts (Anliegen) zielen Fragen wie: »Sag noch mal genau, was ist jetzt hier dein Anliegen: Suchst du nach einem geeigneten Konzept für die Gesprächsführung, oder möchtest du deiner Schüchternheit auf die Spur kommen, was dahintersteckt?« – »Ich habe gut verstanden, was das Problem ist; aber ich habe noch nicht verstanden, was jetzt dein Ziel ist!?«

Nicht selten muß das Anliegen nach der Phase 1, also nach dem Bericht des Protagonisten und der Erkundung durch die Gruppe, noch einmal neu formuliert werden. Vielleicht ist dem Protagonisten jetzt deutlich geworden, daß sein Anliegen etwas anders lauten muß als vorher gedacht. Gegen Ende der Phase 1 muß die Leiterin ein besonderes Augenmerk darauf richten, ob das Anliegen klar ist. Denn dieses legt fest, worauf der Fokus für die weitere Bearbeitung zu lenken ist; anders ausgedrückt: Das Anliegen ist der Auftrag an den Leiter und die Gruppe. Als Leiter sind wir bei dieser Art von Arbeit »Auftragnehmer« und müssen von daher bestrebt sein, vom Protagonisten einen klaren Auftrag zu erhalten. Wenn mir als Leiter der Auftrag nicht klar ist, ruhe ich nicht eher, bevor er nicht deutlich

44

ausgesprochen wird. Vielleicht ist die mangelnde Klarheit des Anliegens ein Teil des Problems oder ein Symptom für den Protagonisten. Sollte er an dieser Stelle verwirrt sein, besteht folgende Möglichkeit: Der Leiter bittet jeden Teilnehmer, das Anliegen (»Wie kann ich ...?«) zu formulieren, das er beim Protagonisten vermutet bzw. herausgehört hat. So erhält der Protagonist sechs bis neun verschiedene Angebote, aus denen er dann das richtige auswählen kann oder womit er – in Abgrenzung zu diesen Angeboten – nun leichter in der Lage ist, die Formulierung auszusprechen, die für ihn stimmt.

Die Erkundung des äußeren und inneren Kontextes (vgl. Abb. 2, S. 19) ist die Kunst jedes Beraters, Supervisors, Coachs. Sie allein kann sich in einem Beratungsprozeß über Stunden hinziehen. Bei der erlebnisaktivierenden Fallarbeit in Gruppen sollte sie allerdings zeitlich beschränkt werden. Faustregel: nur so lange und ausführlich wie unbedingt nötig, um den Fokus zu ermitteln, der für die Phase 2 (Erlebnisaktivierung) maßgeblich wird. Der Leiter sollte sich auch nicht scheuen, die erste Phase abzubrechen, wenn die anderen Teilnehmer dem Protagonisten immer mehr »Löcher in den Bauch« fragen, von denen der Leiter das Gefühl hat, daß sie den Kern des Anliegens nicht oder nur marginal berühren. Die »Lösung«, die Antwort auf seine Frage, findet der Protagonist im Verlauf des Gesamtprozesses, in der Regel nicht in der ersten Phase.

Zeitlich beschränkte Erkundung des äußeren und inneren Kontextes

Phase 2: Erlebnisaktivierung

Nun sind wir endlich an der Stelle, für die dieses Buch geschrieben worden ist! Die einfühlsame und kreative Gestaltung dieser Phase nach allen Regeln der Kunst und in Übereinstimmung mit den einmaligen Besonderheiten des Anliegens und der Gruppensituation ist das Thema dieses Buches. Ich möchte im wesentlichen induktiv vorgehen, das heißt, von konkreten praktischen Beispielen ausgehend, die Möglichkeiten und Regeln nach und nach entwickeln. Der zweite Teil des Buches mit seinen 20 kommentierten Beispielen ist genau dafür gedacht. An dieser Stelle daher nur ein paar grundsätzliche Überlegungen.

Was ist, allgemein gesprochen, das Ziel dieser Phase? Bei näherem Hinsehen stellen wir fest: Es sind mehrere Ziele gleichzeitig. Diese lassen sich am besten verdeutlichen, wenn wir uns vor Augen halten, daß (abgesehen vom Leiter) drei »Dinge« im Raume sind: der Protagonist, sein Thema (Anliegen) und die Gruppe. Mit jedem dieser drei Bestimmungsstücke verbindet sich ein wichtiges Ziel für den Prozeß der Erlebnisaktivierung: Konkretisierung in Hinblick auf das Thema, Ich-Nähe und Vertiefung in Hinblick auf den Protagonisten und Aktivierung in Hinblick auf die Gruppe (s. Abb. 12).

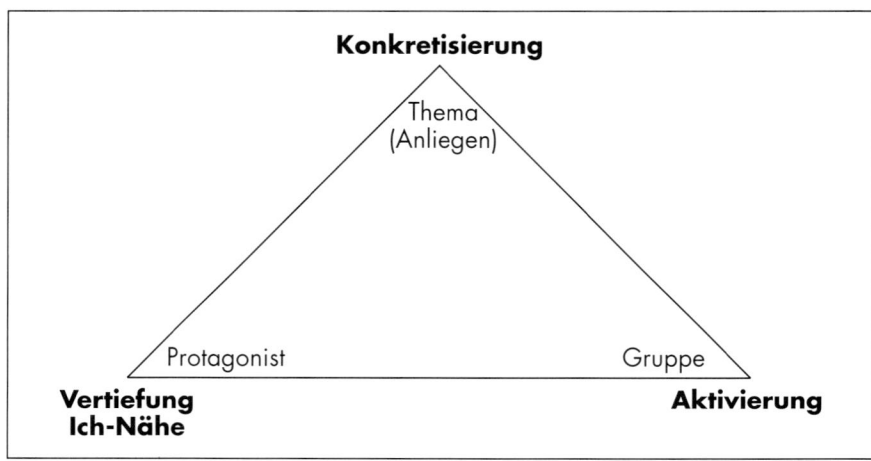

Abb. 12: *Drei Zielbereiche erlebnisaktivierender Methoden*

Konkretisierung des Themas

Was das Thema angeht, so soll es aus dem oft abstrakten Raum der verbalen Semantik überführt werden in den Raum konkreter Erlebnisse. Es ist eben etwas anderes, ob es z.B. abstrakt um »Selbstbewußtsein« geht oder ob ich mit klopfendem Herzen, schwitzenden Händen und gesenktem Kopf meinem Chef gegenübertrete und ihm nun in die Augen schauen muß (will)!

In vielen Beispielen werden Sie dieses Motiv der Konkretisierung wiederfinden (z.B. Fallbeispiele 1, 5, 14, 15, 19).

Protagonist: Ich-Nähe und Vertiefung

In bezug auf den Protagonisten soll eine zunehmende Ich-Nähe, oft auch eine Vertiefung erreicht werden: Wie bin ich persönlich berührt von dieser Angelegenheit? Welche widerstreitenden Tendenzen in mir drin machen es mir schwierig, nach außen hin klar und eindeutig zu sein? Überhaupt: Was hat das Ganze mit mir zu tun, wie komme ich mir selbst auf die Spur?

46

Indem der Protagonist in dieser Phase häufig eingeladen wird, etwas aktiv auszuprobieren und sich dadurch auch vor der Gruppe zu exponieren, kommt er aus der Rolle des bloßen Berichterstatters heraus und erlebt etwas im Hier und Jetzt und ist dabei in der Regel gleichzeitig gefühlsmäßig berührt. Wenn wir ein Problem haben oder vor einer besonderen Herausforderung stehen, laufen einige Fäden auch in die tieferen Schichten unserer Seele. Solange wir diese tieferen Schichten völlig außer acht lassen, laufen wir Gefahr, über ein Problem gescheit zu reden, ohne aber die einflußnehmenden Kräfte zu berühren.

Indem wir die Tiefendimensionen des Menschen in ihrer Bedeutung erkennen, ist damit für die erlebnisaktivierende Arbeit im professionellen Kontext auch ein Problem angesprochen: Wie »tief« darf die Arbeit gehen? Schließlich handelt es sich ausdrücklich um einen nichttherapeutischen Lernzusammenhang. Wegen der Wichtigkeit dieser Frage habe ich für sie eine eigenes Kapitel (s. S. 54ff.) reserviert.

Aktivierung in Hinblick auf die Gruppe : Es ist ein Kennzeichen und ein Ziel erlebnisaktivierender Arbeit, daß die Gruppe nicht bloß dabeisitzt, zuguckt, hinterher ihre Bemerkungen abgibt, sondern in möglichst lebendiger und aktiver Weise in den Prozeß einbezogen wird. Dies fördert allgemein die Vitalität und speziell die Anteilnahme am Geschehen.

Aktivierung der Gruppe

Wie Sie an den Fallbeispielen sehen werden, gelingt es nicht immer, alle drei Zielgrößen zu realisieren. Besonders zwischen (Protagonisten-)Vertiefung und (Gruppen-)Aktivierung besteht manchmal ein kleiner Zielkonflikt. Häufig ist es aber möglich, alle drei Ziele zumindest in Ansätzen zu erreichen. Bitte betrachten Sie die 20 Beispiele jeweils auch unter diesem Gesichtspunkt (vgl. den Kommentar zum Fallbeispiel 1, S. 82).

Phase 3: Austausch in der Gruppe

Nun ist endlich die Gruppe am Zug! Zwar war sie auch in der Phase 1 und 2 (mehr oder minder) beteiligt, jedoch mußte sie sich dort sehr disziplinieren. In der Phase 1 sollte sie sich auf Verständnis- und Erkundungsfragen beschränken, alle weiteren Ideen und Impulse noch zurückhalten. In der

Phase 2 durfte sie nur nach Maßgabe des Leiters mitmachen, war daher über weite Strecken zum bloß passiven Anteilnehmen »verdammt«. Jetzt aber, in Phase 3, gibt es grünes Licht für die vielfältigen Reaktionen der Gruppenmitglieder und für das freie Spiel der Kräfte! Im Idealfall führt dies zu einer Synergie, die das Thema weiter vertieft, den Blickwinkel erweitert sowie dem Protagonisten Rückmeldungen und Empfehlungen zuteil werden läßt. Hatte der Leiter in der Phase 2 direktiv das Zepter in der Hand, so kann er, wenn der Gruppenprozeß gut läuft, sich in Phase 3 weitgehend zurückhalten bzw. sich als partizipierender Leiter an der Diskussion und an den Rückmeldungen beteiligen. Um es in einem Bild von Ruth Cohn auszudrücken: Hatte er in Phase 2 den Bogen seiner Geige als Taktstock benutzt, so setzt er sich jetzt mit ins Orchester und nimmt den Bogen, um im Konzert mitzufiedeln.

Allerdings gibt es hin und wieder schwierige und destruktive Prozesse in dieser Phase, so daß der Leiter jederzeit bereit sein muß, den »Bogen« wieder als »Taktstock« zu gebrauchen. Dies ist besonders dann der Fall, wenn der Protagonist sich innerlich an einer anderen Stelle befindet als die Gruppe, so daß die Beiträge der Gruppenmitglieder ihn nicht erreichen können bzw. geeignet sind, ihn bloßzustellen oder ihn mit »Rat-Schlägen« zu traktieren.

Hier eine kleine Typologie möglicher Reaktionen:

❖ *Sachkommentare:* Einlassungen zur Sache, sehr präzise Analysen von dem, was die Teilnehmer gesehen haben, auch auf den institutionellen Rahmen bezogen. Sie kommen oft von Führungskräften.
Diese Kommentare sind meistens hilfreich, und ich heiße sie oft willkommen. Manchmal sind solche rationalen Einlassungen aber auch »daneben«: Wenn der Protagonist viel von sich gezeigt hat und gerade sehr bewegt ist, können rationale Analysen das Klima zerstören, und der Protagonist kann sich geradezu allein gelassen fühlen.
Sie können in einem solchen Fall versuchen, den Sachkommentator doch noch ins mehr emotionale »Boot« zu ziehen, indem Sie z.B. sagen: »Das war jetzt Ihre sachliche Reaktion, fehlt noch die menschliche: Wie haben Sie gefühlsmäßig reagiert auf das Ganze?« Dies ist eine Einladung zum Sharing (s. nächster Absatz). Manchmal kommen dann noch ganz erstaunliche oder bewegende Aussagen hervor.

❖ *Selbstkundgaben (Ich-Botschaften):* Diese Art von Resonanz geht in das, was oben Sharing genannt wurde. Die Teilnehmer zeigen sich und berichten, was die Arbeit bei ihnen ausgelöst hat und welche eigenen Erlebnisse sie mit diesem Thema verbinden.

Die Phase des Sharings ist insbesondere dann wichtig, wenn ein Protagonist viel von sich gezeigt hat und/oder sehr betroffen ist. Denn dadurch wird zwischen ihm und der Gruppe eine Brücke gebaut und der Protagonist entlastet. Selbstkundgaben sind eine gute Möglichkeit, in der Gruppe wieder zusammenzukommen, der Protagonist steht mit seiner Selbstkundgabe nicht mehr alleine.

Wenn der Protagonist sich weit hervorgewagt hat, läute ich die Phase 3 oft mit der Anweisung ein, die anderen Teilnehmer mögen jetzt bitte keine gescheiten Analysen oder Ratschläge geben, sondern zunächst einmal nur berichten, wie es jedem einzelnen geht.

❖ *Feedback als Du-Botschaft:* »Bei dir fällt mir auf ...« Diese Rückmeldungen in Form von Du-Botschaften sind gut, denn der Protagonist erwartet Rückmeldungen, wie er auf die anderen gewirkt hat.

Werden diese allerdings überdosiert, dann fühlt sich der Protagonist »auseinandergenommen« und bekommt das Gefühl, als »Dummerjan« von lauter »Neunmalklugen« umgeben zu sein. Das Extrem sind hier die »psychologischen Fernanalysen«: »Ich könnte mir auch vorstellen, daß du ein Autoritätsproblem mit deinem Vater hast ...«

In diesem Fall unterbreche ich gleich, denn diese Art von Reaktion tut dem Protagonisten nicht gut. Wenn er sich gezeigt hat und danach zusätzlich noch »auf die Couch gelegt« wird, braucht er die Unterstützung eines Leiters, der Einhalt gebietet.

❖ *Beziehungserklärungen (Ich/Du):* Diese Reaktionen sind in der Übergangszone zwischen Ich und Du anzusiedeln. Die Beziehung von mir zu dir wird neu beschrieben: »Du bist mir jetzt plötzlich viel sympathischer ...« – »Ich habe dich immer für einen distanzierten Menschen gehalten ..., aber jetzt fühle ich mir dir sehr nahe.«

Diese Art von Rückmeldung enthält Feedback, das weniger analysierend oder diagnostizierend ist. Ebenso wie das Sharing fördert es die Reintegration des Protagonisten ins aktuelle Geschehen der Gruppe.

❖ *Ratschläge, Ideen, Empfehlungen:* Diese Art von Rückmeldungen betont die Appellseite einer Äußerung. Sie sind wichtig in dieser Phase, sollten aber ebenfalls nicht überdosiert werden. Besonders wenn sich der Protagonist sehr gezeigt hat, können Ratschläge wie »Schläge« wirken.

Auch hier kann man nicht sagen, daß eine Reaktion gut oder schlecht ist, ohne ein Gefühl für die Gesamtsituation zu haben.

❖ *Empathische Reaktionen:* Die unausgesprochene Präambel dieser Reaktion heißt: »Wenn ich dich richtig verstanden habe, dann ...« – »Was mir klar geworden ist, du hast gesagt, du fühlst dich wie ein Clown, und ich hab gleich gedacht: Ein Clown hat ja so eine liebenswerte und gewinnende Seite und aber auch eine sehr traurige, und ich stelle mir vor, daß das bei dir ebenso ist ...«. – »Mir ist klar geworden, daß du deine Rolle da durchhalten willst, ohne Abstriche zu machen.« Es ist die einfühlende Reaktion, wie wir sie aus der Gesprächstherapie Rogers kennen. Der Protagonist kann so merken, daß das, was in ihm ist, bei den anderen Teilnehmern angekommen ist. Meist ist ihm dies zunächst wichtiger, als neues »Futter« zu bekommen. Besonders wertvoll ist diese Art von Reaktion, wenn dadurch etwas prägnant wird, was zuvor nur undeutlich, nur angedeutet hervorgekommen ist.

❖ *Weitere Fragen:* Als Reaktion auf das Erlebte stellen Teilnehmer manchmal noch mehr Fragen und interviewen den Protagonisten weiter: »Hast du das denn schon mal erlebt, oder hast du das erst im nachhinein begriffen?« – »Kennst du das auch aus anderen Zusammenhängen?«

Mitunter muß das sein, denn nach der aktivierenden Phase kommen den Teilnehmern Fragen, die sie anfangs noch nicht hatten. Aber meistens bremse ich diese Reaktionen mit dem Hinweis darauf, daß mit jeder neuen Frage ein neues Kapitel aufgeschlagen wird, – und daß der Protagonist genug getan hat und es nun wichtig ist, daß die Teilnehmer von sich etwas sagen und nicht weiterfragen. Denn interviewende Fragen können ebenso eine Vermeidung sein, nun selbst einmal Farbe zu bekennen.

Das letzte Wort nach all diesen Rückmeldungen hat der Protagonist: Wie ist es ihm ergangen während seiner Fallbearbeitung? Was nimmt er daraus mit? Was war ihm das Wichtigste? Wie geht es ihm jetzt, in welcher inneren Verfassung verläßt er die Behandlung seines Themas? Ist er bereits zu einem Fazit gekommen, oder will (muß) er alles erst einmal sacken lassen?

Damit ist die Fallarbeit beendet. In den meisten Fällen dauert sie mindestens 45 Minuten, oft länger als eine Stunde. Längstens sollte sie einhalb Stunden dauern. Mit zunehmender Übung und Sicherheit des Leiters gelingt es, diesen Zeitrahmen einzuhalten und die Arbeit nicht ausufern zu lassen.

Die Fallarbeit sollte höchstens eineinhalb Stunden dauern

Wenn es angebracht ist, kann sich nach der Phase 3 (und meistens nach einer Pause) eine Phase 4 anschließen.

Phase 4: Theoretische Einordnung und Generalisierung

Oft sind in einem Fallbeispiel Themen und Fragen angesprochen, die über dieses persönliche Beispiel hinaus von allgemeiner Bedeutung sind. Wenn der Leiter zu diesem Thema etwas »auf Lager« hat, kann er nun die günstige Gelegenheit für einen Kurzvortrag nutzen. Denn nie ist der Boden für die Aufnahme einer solchen Saat gedüngter als zu diesem Zeitpunkt, wo die Gruppe gemeinsam etwas erlebt hat. Jetzt sind alle hoch interessiert, und nach der langen Phase von Dynamik und Tiefgang, vielleicht auch von unübersichtlicher Vielfalt sind die meisten dankbar, den thematischen Kern noch einmal in kognitiver Aufbereitung vor Augen zu bekommen.

Immer wenn ich allgemeine Erkenntnisse der Kommunikationspsychologie (z.B. das Modell mit den vier Schnäbeln und den vier Ohren oder das Schema des Teufelskreises) im Anschluß an eine Fallarbeit referiert habe, konnte ich mir besonderer Aufnahmebereitschaft sicher sein. – Der Kurzvortrag kann durch Stegreifvisualisierungen unterstützt werden, aus dem Augenblick entworfen (s. Schulz von Thun 1994).

Allerdings: Die Phase 4 kommt längst nicht in allen Fallbearbeitungen vor. Ist die Protagonistin beispielsweise innerlich sehr bewegt und angerührt oder aber hat sie ihre Antwort bereits deutlich gefunden und Zufriedenheit mit der Bearbeitung ausgedrückt, kann es überflüssig und atmosphärisch »daneben« sein, nun als Leiter noch einmal allgemein Belehrendes aufzutischen.

Theoretische Einordnung und Generalisierung kommen nicht immer vor

51

Wertvolle Schlüsselmomente des Geschehens sind in allen vier Phasen möglich

Zwar konzentrieren wir uns in diesem Buch auf die Gestaltung der Phase 2, also auf den Einsatz der erlebnisaktivierenden Methoden. Das bedeutet aber nicht, daß die Sternstunde des Geschehens unbedingt in dieser Phase liegen müßte. Zwar ist dies nicht selten der Fall, genauso kann aber auch die entscheidende Erkenntnis oder der gefühlsmäßige »Durchbruch«, die Lösung des Knotens in Phase 1, 3 oder 4 eintreten.

Bereits in Phase 1 passieren zwei wichtige Dinge: Erstens, der Protagonist berichtet über ein schwieriges oder verzwicktes Thema! Manchmal ist es das erste Mal, daß er darüber spricht. Ich erinnere mich an eine junge Frau, eine Trainerin, die mit bewegter Stimme begann: »Das Thema, das ich anfangs vorgestellt habe, ist mir jetzt gar nicht mehr so wichtig. Vielmehr merke ich, daß mir etwas anderes unter der Haut sitzt – und ich weiß noch nicht, ob ich darüber sprechen will und kann, da ich darüber mit noch niemandem bisher gesprochen habe, auch mit meinem Mann nicht. – Ja, aber doch: Ich will es jetzt sagen! Ich bin nämlich im dritten Monat schwanger, und als ich es erfahren habe, hat es mich dermaßen aufgewühlt und umgehauen – soviel Freude, soviel Bestürzung, soviel Angst, alles stürzt zusammen, wie ich mein Leben geplant habe – daß ich damit einfach nicht fertig geworden bin und mit meinem Mann darüber nicht habe sprechen können – obwohl der mich immer wieder fragt, was mit mir los ist.« Und dann berichtete sie mit sichtlicher innerer Beteiligung, was diese Schwangerschaft nun für sie bedeutet. Als sie fertig war, hatten alle Anwesenden das Gefühl: Das war's! Hier ist keine Klärung mehr nötig, keine erlebnisaktivierenden Methoden, nur noch Resonanz seitens der Gruppe. Das Eigentliche war das Aussprechen dessen, was sie bewegte.

Zum zweiten ist der Protagonist in dieser Phase herausgefordert, sein Thema im Kontext der inneren und äußeren Konstellation aufzubereiten, sprachlich zu formulieren und durch die Rückfragen sich »auf den Zahn fühlen« zu lassen. Allein dies kann oft schon die »halbe Miete« sein.

Die Phase 2 mit ihren erlebnisaktivierenden Methoden kann zwar selbst zum Schlüsselerlebnis für den Protagonisten werden, jedoch hat diese Phase zugleich auch eine vorbereitende Funktion für die Phase 3 (Austausch in der Gruppe). Denn nach dem gemeinsamen Erlebnis der zweiten Phase ist die Gruppendiskussion häufig viel konkreter, gezielter, die Gruppe zieht mehr an einem gemeinsamen Strang, als wenn das Thema bloß berichtsmäßig vorgestellt worden wäre.

Auch in der Phase 3 kann »das Eigentliche« passieren. Nicht selten berichtet ein Protagonist bei einer Nachbefragung, daß der Hinweis von Herrn Bertram oder von Frau Glänzi für ihn ins Schwarze getroffen und er demzufolge etwas unternommen habe, was zu einer Lösung geführt habe. Natürlich wird in Phase 3 auch viel geredet, was am Kern des Geschehens vorbeigeht. Wichtig ist, daß der Protagonist aufgefordert wird, selbst Spreu und Weizen voneinander zu trennen. Aber meist ist manch Weizenkorn dabei, das sich später noch als wichtig erweisen soll.

Ich habe auch schon erlebt, daß erst in der Phase 4 (Kurzvortrag über allgemeine Aspekte des Themas) sich der eigentlich wertvolle Moment ereignete. Beispielsweise ging es in einer Fallarbeit um eine schwierige, nahezu ruinierte Beziehung des Protagonisten zu seinem Chef. Die Vielfalt der hineinspielenden Aspekte und die Hoffnungslosigkeit in bezug auf eine befriedigende Lösung hatte die Gruppe sowohl verwirrt als auch demoralisiert. Nach Abschluß der Phase 3 forderten mich einige Gruppenmitglieder unzufrieden auf, zu dem Ganzen noch etwas Schlüssiges zu sagen, denn so wären sie mehr als unbefriedigt. Als ich daraufhin am Flipchart den Teufelskreis entwickelte, wie ich ihn zwischen Mitarbeiter und Chef gesehen hatte und die grundlegend verschiedenen Möglichkeiten der Unterbrechung eines Teufelskreises sowohl theoretisch als auch bezogen auf dieses praktische Beispiel darlegte, veränderte sich die Stimmung in der Gruppe. Dies wäre jetzt hochinteressant, würde für sie den Nagel auf den Kopf treffen und die ganze Fallarbeit doch noch lehrreich erscheinen lassen. Auch der Protagonist sah jetzt wieder Land.

Daß in allen vier Phasen die Möglichkeit eines wertvollen Momentes steckt, betone ich auch deswegen so deutlich, damit Sie als Leiter sich nicht in der Phase 2 unter Druck setzen: »Hier muß etwas ganz Tolles geschehen, hier muß ich zaubern und dem Protagonisten ein Aha-Erlebnis vermitteln, jetzt kommt es drauf an, unbedingt den Durchbruch zu erzielen ...« usw. Ein solch ehrgeiziger »innerer Antreiber« wirkt sich meist kontraproduktiv aus, stellt für diese Art von Arbeit ein ernst zu nehmendes Leiterhandicap dar. Wie gesagt, zuweilen hat die Erlebnisaktivierung vor allem die Funktion, einen gemeinsamen Erlebnishorizont als Grundlage einer fruchtbaren Diskussion (Phase 3) und einer thematischen Unterweisung (Phase 4) zu legen.

»Vertiefen« und »Emporheben« im Zusammenhang berufsbezogener Kommunikationsberatung

Wie »tief« darf die erlebnisaktivierende Arbeit für den Protagonisten gehen? Wo sind die Grenzen zur Therapie? Über welche Qualifikation muß der Leiter, muß die Leiterin verfügen, um sich in gefühlsmäßige Bereiche vorwagen zu dürfen? Wie sieht die Gratwanderung aus, um sowohl Oberflächlichkeit und kluges Gerede zu vermeiden, aber auch dilettantisches und dem Kontext nicht angemessenes »Herumwühlen« in den Tiefenschichten der Seele? Wie können wir »Psychostriptease« und »Mind-fucking« gleichermaßen ausschließen, oder, positiv gefragt: Wie erreichen wir die Balance von förderlicher Ich-Nähe und notwendigem Intimitätsschutz in der professionellen Erwachsenenbildung?

Es ist und bleibt eine Gratwanderung! Aber allein die Frage so deutlich zu stellen hilft bei der angemessenen Antwort in der Praxis. Die anzustrebende und erlaubte Tiefe hängt ab:

❖ *von der Art des Anliegens* (»Wie kann ich meine Schüchternheit ablegen?« ist von vornherein ich-näher angelegt als »Was muß ich bei der Umstrukturierung der Organisation beachten?«);
❖ *von der Bereitschaft des Protagonisten, sich einzulassen* (er selbst ist der wichtigste Maßstab zur Dosierung von Tiefe);
❖ *vom Vertrauen in der Gruppe* (Vertrauen und Offenheit bedingen einander);
❖ *vom Kontext* (handelt es sich um ein Selbsterfahrungsseminar mit Leuten aus verschiedenen Organisationen oder um eine Abteilung, die auf eine neue Aufgabe vorbereitet werden soll?);
❖ *vom Ausbildungsstand des Leiters* (hat er eine Therapieausbildung und ist kundig und souverän im Umgang mit Gefühlen, oder ist er von Haus aus Referent und Moderator für sachbezogene Themen?).

Je nach alledem muß und darf das Maß der Tiefe unterschiedlich ausfallen. Im nächsten Kapitel werde ich Grundtypen erlebnisaktivierender Beratung in Gruppen vorstellen, die es unter anderem erlauben, das Maß der Tiefe, persönlicher Betroffenheit und Ich-Nähe zu variieren und zu dosieren. An dieser Stelle möchte ich aber zunächst

❖ das Wort »Tiefe« etwas näher erläutern und vier Stufen der Vertiefung unterscheiden, die für die berufsbezogene Erwachsenenbildung eine Rolle spielen;

❖ ein paar Beispiele für Interventionen (= in das Geschehen eingreifende Fragen, Aufforderungen, Vorschläge) bringen, die es gestatten, sowohl auf eine tiefere als auch wieder auf eine höhere Stufe zu gelangen;

❖ eine grobe Abgrenzung zur psychotherapeutischen Vertiefung versuchen, welche auch dann zu vermeiden ist, wenn der Leiter sich dazu herausgefordert fühlt und dazu imstande sieht.

Stufen der (Ab-)Gehobenheit, der Vertiefung und Emporhebung

Bitte verschaffen Sie sich anhand der Abbildung 13 zunächst einen groben Gesamtüberblick, bevor wir die einzelnen Stufen und die jeweiligen Interventionen besprechen, durch die man versuchen kann, von der einen zur anderen zu gelangen (vgl. Fischer-Epe, 1992).

Die oberste Stufe ist von »Abgehobenheit« gekennzeichnet. Ein Protagonist auf dieser Stufe spricht sehr allgemein, abstrakt – ohne erkennbare persönliche Beteiligung, z.B.

> *»Der Mensch ist unfähig, sein Ressortdenken aufzugeben – das mag genetisch bedingt sein oder auch sozialisationsbedingt – das würde mich mal interessieren, ob die Wissenschaft hierzu Befunde hat – auf jeden Fall übertragen sich diese Defizite, das können Sie überall sehen, auf die Organisation – und das hat auch damit zu tun ...«*

Wie kann der Leiter den so Sprechenden dazu bringen, sich konkreter und ich-näher zu äußern? Möglich, daß er ihn in nichttadelnder Weise direkt dazu auffordert, z.B.:

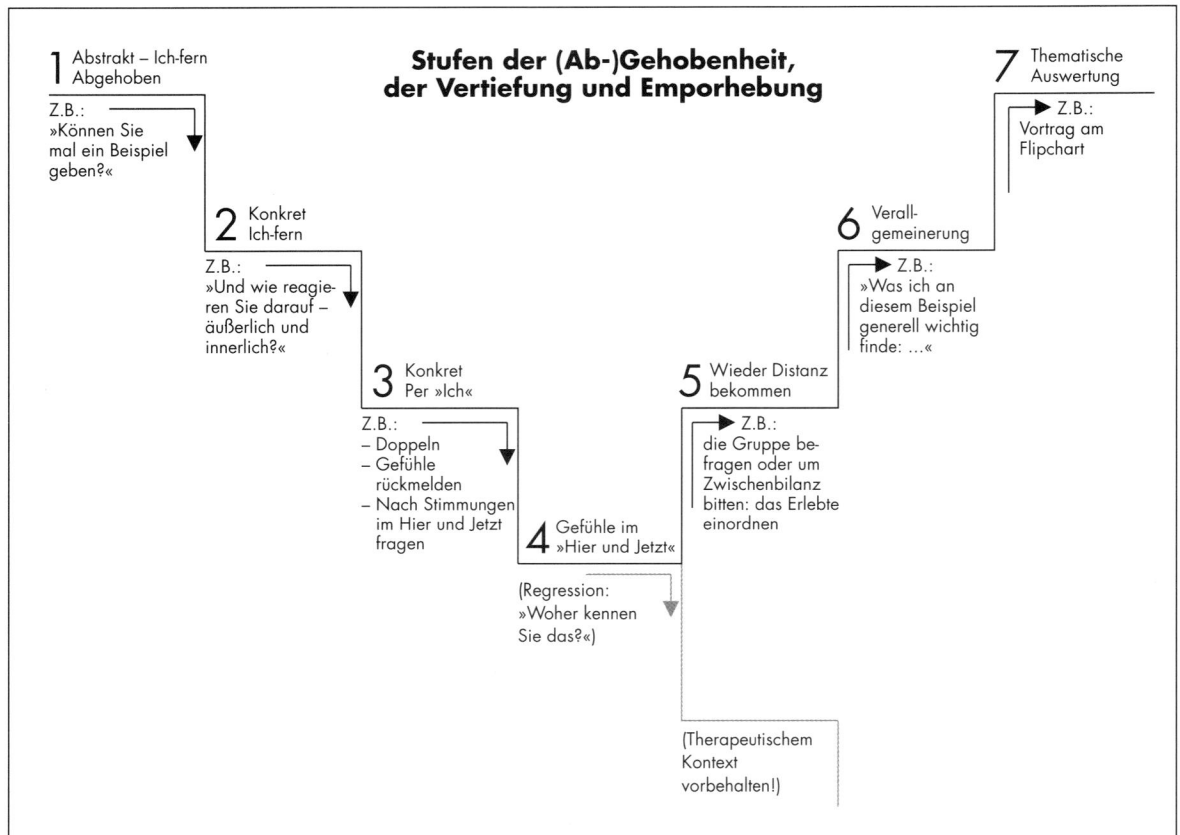

Stufen der (Ab-)Gehobenheit, der Vertiefung und Emporhebung

1 Abstrakt – Ich-fern
Abgehoben
Z.B.:
»Können Sie
mal ein Beispiel
geben?«

2 Konkret
Ich-fern
Z.B.:
»Und wie reagie-
ren Sie darauf –
äußerlich und
innerlich?«

3 Konkret
Per »Ich«
Z.B.:
– Doppeln
– Gefühle
rückmelden
– Nach Stimmungen
im Hier und Jetzt
fragen

4 Gefühle im
»Hier und Jetzt«
(Regression:
»Woher kennen
Sie das?«)

(Therapeutischem
Kontext
vorbehalten!)

5 Wieder Distanz
bekommen
Z.B.:
die Gruppe be-
fragen oder um
Zwischenbilanz
bitten: das Erlebte
einordnen

6 Verall-
gemeinerung
Z.B.:
»Was ich an
diesem Beispiel
generell wichtig
finde: ...«

7 Thematische
Auswertung
Z.B.:
Vortrag am
Flipchart

Abb. 13: Stufen unterschiedlicher »Tiefe« sowie vertiefende und emporhebende Interventionen (Pfeile)

»*Ich glaube, das allgemeine Problem, von dem Sie sprechen, ist deutlich geworden. Nun zu der Frage: Wo sind Sie persönlich ganz konkret
davon betroffen, und was möchten Sie hier jetzt zu Ihrem Anliegen
machen?*«

Häufig reicht auch die knappe Einladung

»*Können Sie mal ein Beispiel sagen?*«

Möglich, daß der Protagonist daraufhin die zweite Stufe betritt und konkret, aber noch ich-fern von anderen Menschen berichtet, z.B.

56

»Mein Chef ist leider ein gutes Beispiel. Er ist unheimlich darauf aus, die Lorbeeren einzuheimsen, wenn etwas gut gelaufen ist; und daß er einen Schuldigen hat, wenn's schiefgegangen ist. Zum Beispiel neulich hat er mich vor allen Kollegen ...«

Auf dieser Stufe ist der Wahrnehmungsscheinwerfer nach außen gerichtet: Der Sprechende hat seine (menschliche) Umwelt deutlich vor Augen und berichtet darüber, wie er sie sieht. Nun ist es als nächste Stufe unerläßlich, daß er sich selbst in den Blick bekommt, gleichsam nun auch einmal die »Taschenlampe nach innen« hält.*

Mögliche Intervention, um zum Betreten dieser dritten Stufe einzuladen:

»Wenn der Chef sich so verhält: Wie reagieren Sie darauf – äußerlich und innerlich?«

An dieser Stelle müssen Sie als Leiter damit rechnen, daß der Protagonist zögert, diese Ich-Stufe zu betreten, da er etwas von sich selbst preisgeben soll. Vielleicht wird er zunächst mit kleinen Ausweichmanövern reagieren, z.B.:

»Na ja, ich kenne ihn ja nun seit Jahren. Ich weiß, wie ich ihn einzuschätzen habe.«

In solchen Fällen braucht der Leiter die Flinte noch nicht ins Korn zu werfen, wenn er akzeptierende Geduld mit Beharrlichkeit paart:

»Und nachdem Sie das wissen: Wie reagieren Sie darauf – äußerlich und innerlich?«

Möglich, daß er dann eine negative Antwort erhält in dem Sinne, daß der Protagonist äußert, wie er *nicht* reagiert:

»Ich reagiere darauf gar nicht!«

oder:

»Ich werde nicht wütend oder aufbrausend oder so etwas, gar nicht!«

---

* Es gibt eine Kommunikationsübung, die diesen Wechsel von »Scheinwerfer« und »Taschenlampe« zum Gegenstand hat (s. Schulz von Thun 1989, S. 150f.).

Hier reicht vom Leiter ein »Sondern?«, um genauer in Erfahrung zu bringen, wie der Protagonist in der Regel mit seinem Chef umgeht.

Möglich auch, daß der Protagonist auf die obige Frage antwortet:

>*Na ja, man macht sich so seine Gedanken.*«

oder:

>*Man hat natürlich gemischte Gefühle bei der ganzen Sache!*«

Solche Äußerungen sind so, wie wenn ein Gastgeber seinen Gästen zwar das Flaschenetikett zeigt, den Wein selbst aber nicht zum Kosten einschenkt – man kann sich ja denken, wie er schmeckt. Dennoch sind solche Äußerungen wertvoll, weil sie den Inhalt schon einmal anbahnen. Meist ist die kürzeste Intervention ausreichend, die ich kenne und verwende:

>*Nämlich?*«

In den allermeisten Fällen sind solche kleinen Hilfsinterventionen geeignet, auch zögernde Protagonisten auf die Ich-Stufe zu bringen. Sollte ein deutlicher Widerstand dagegen erkennbar werden, würde ich diesen thematisieren, z.B.:

>*Mir fällt auf, daß Sie gut über Zwischenmenschliches sprechen können, solange sie von anderen reden. Sobald Sie aber von sich selber sprechen sollen, tun Sie sich schwer und werden sehr einsilbig. Vermeiden Sie das in diesem Rahmen ganz bewußt (dann würde ich nicht weiter in Sie dringen), oder fällt Ihnen das in der Tat schwer, und Sie möchten das lernen (in dem Fall hätte ich einen Vorschlag)?*«

Sofern der Protagonist letzteres bejaht, würde ich ihm anbieten, daß ich ihn einmal »doppele«, d.h., für ihn (per »ich«) spreche – und er soll fühlen und sagen, ob das für ihn zutrifft.

Zurück zur Stufe 3 (Ich-Stufe). Hier berichtet der Protagonist von seinen inneren und äußeren Reaktionen, z.B.:

>*Ich fühle mich von ihm ausgenutzt, wie eine Schachfigur behandelt, die man nach Belieben hierhin und dorthin schieben kann. Aber ich habe nie etwas dazu gesagt – höchstens mal durch die Blume, aber das ist nicht angekommen.*«

Diese Stufe der Vertiefung sollte im Kontext beruflicher Erwachsenenbildung unbedingt angestrebt werden, da erst hier der Teilnehmer sich als (Mit-)Urheber des Geschehens erleben kann und die Lösung dort suchen kann, wo er imstande ist, etwas auszurichten und zu verändern: bei sich selbst.

In vielen Fällen kann und sollte sich der Leiter mit dieser Stufe der inneren Beteiligung begnügen. In günstigen Fällen kann er noch eine Stufe tiefer gehen (wenn der Zusammenhang es zuläßt, der Protagonist willens und der Leiter dazu fähig ist).

Auf der Stufe 4 der gefühlsmäßigen Einlassung kommt der Protagonist in deutlichen Kontakt zu seinem inneren Fühlen – er berichtet nicht nur über Gefühle, er erlebt sie auch, gegenwärtig und unmittelbar. Diese Tiefenstufe der inneren Beteiligung ist auch für andere spürbar und löst in der Regel starke Anteilnahme aus. Beim Gegenüber entsteht das Gefühl: Jetzt erlebe ich den Menschen direkt, nicht mehr nur mittelbar über seine Sprache (oder seine Sprechblasen).

Auf dieser Stufe sagt er vielleicht:

> *»Ich habe eine rasende Wut in mir – ich könnte den Mann würgen – und sofort schießt aber auch die Angst hinein, wenn ich mir vorstelle, ihm gegenüberzustehen. So wie geballte Fäuste in der Hosentasche – irgendwie gelähmt ...«,*

und gleichzeitig ist die Wut und die Angst durch nichtsprachliche Begleitsignale unmittelbar im Raum.

Möglich ist auf dieser Stufe, daß die Stimme zittert oder laut wird, daß ein Schluchzen einsetzt, daß Tränen fließen, daß die Sprache stockt – alles kein Grund zur Panik, sondern ein Zeichen dafür, daß der Protagonist in Fühlung mit tieferen Schichten seines Erlebens gekommen ist – mit der Chance, etwas auszudrücken und loszuwerden, was bisher »festgesteckt« hat. Wie gesagt, kein Grund zur Panik und auch kein Grund, jetzt nach einem »Fachmann« (Psychologen, Psychotherapeuten, Psychiater ...) zu rufen: Der Ausdruck menschlicher Gefühle gehört in das normale menschliche Miteinander (re-)integriert und darf keinesfalls an »Experten« delegiert werden oder für »behandlungsbedürftig« erklärt werden – es sei denn, eine wirkliche Störung oder Verstörtheit wird erkennbar.

Wenn jemand nachvollziehbar weint, wütet oder sonstwie innerlich betroffen ist, muß niemand alarmiert sein und mit einem Rotkreuzköfferchen anrücken: Dem Protagonisten tut es gut, und er ist gerade dabei, energieraubende Blockierungen zu lockern.

Für den Leiter am wichtigsten: daß er ruhig und konzentriert bleibt, nichts unternimmt, um die Gefühle abzumildern oder wegzutrösten (»Aber es gibt doch Möglichkeiten, dagegen etwas zu tun, Frau Müller ...«). In der Regel hilfreich ist ein Signal in die Richtung:

1. Ich bin weiterhin bei dir.
2. Es ist völlig in Ordnung, mit starken Gefühlen auf das Thema zu reagieren.

Vielleicht indem er sagt:

> *»Ja, vielleicht mögen Sie dem, was sich jetzt in Ihnen meldet, einfach mal Raum geben und es, wenn Ihnen danach ist, mal in Worte fassen.«*

oder:

> *»Ich nehme an, das Gefühl, das jetzt aufkommt, paßt genau zu dem Thema – können Sie das Gefühl einmal beschreiben?«*

oder indem er selbst den Gefühlausdruck in Worte kleidet:

> *»... und wenn ich mir das vor Augen halte, werde ich sehr – traurig? Stimmt das? Oder eher zornig?«*

Was kann der Leiter gegebenenfalls tun, um eine Einladung für diese Stufe 4 anzusprechen? Zuweilen betritt der Protagonist diese Stufe ganz von selbst, wenn er erst einmal auf Stufe 3 (Ich-Stufe) gelandet ist. Ein gewährendes, anteilnehmendes (= nicht schulmeisterliches) Klima in der Gruppe öffnet viele Schleusen. Auch manche erlebnisaktivierenden Methoden (besonders im Quadranten 1, vgl. Abb. 13) sind geeignet, diese Vertiefung zu fördern. Darüber hinaus gibt es Interventionen, die ein übriges tun; zum Beispiel, wenn jemand auf Stufe 3 ohne innere Beteiligung zu sprechen scheint, frage ich manchmal:

> *»In welche Stimmung geraten Sie, wenn Sie darüber sprechen?«*
oder:
> *»Wie fühlt sich das innerlich an, so zu sprechen?«*

Eine oft sehr eindringliche Intervention ist – wie gezeigt – das »Doppeln« (s. Thomann/Schulz von Thun 1989): Der Leiter, die Leiterin spricht in einer ich-nahen Sprache für den Protagonisten und berührt dabei den inneren Kern dessen, was den Protagonisten bewegt, was er aber (noch) nicht in Worte fassen konnte.

»Doppeln« – eine sehr eindringliche Intervention

Weiterhin geeignet sind Gefühlsrückmeldungen, z.B.:

> *»Sie wirken auf mich geladen und zornig, während Sie darüber sprechen – stimmt das?«*

oder

> *»Ich an Ihrer Stelle wäre verbittert und erleichtert zugleich! Wie geht es Ihnen damit?«*

Solche »Interventionen« (das Wort klingt zu technisch, um hier angemessen zu sein) sind nur heilsam auf der Grundlage kundiger und präziser Anteilnahme – und auch nur dann, wenn der Protagonist zu erkennen gibt, daß er einverstanden (und vielleicht beglückt) ist, daß ihm jemand in diesem Kontext so nahe kommt. Andernfalls wird er wahrscheinlich »blocken« – und dieses Stoppschild soll der Leiter unbedingt respektieren.

Überhaupt ist mit dieser Vertiefungsstufe die Grenze erreicht, die in der berufsbezogenen Erwachsenenbildung vorgegeben ist. In der Therapie kann (und soll) es noch tiefer gehen: Z.B. durch die Frage »Woher kennen Sie das?« können alte, längst verschüttete Gefühlsladungen aufbrechen, zum Teil mit erheblicher Wucht. Solche »Regressionen«, solches Zurückschreiten auf früher (vielleicht frühkindlich) Erlebtes und Nichtverarbeitetes gehört in einen therapeutischen Kontext und erfordert einen psychotherapeutischen Ausbildungs- und Erfahrungshintergrund auf seiten des Begleiters. Als Leiter müssen wir nicht nur selbst der Versuchung einer regressiven Vertiefung widerstehen (vgl. Fallbeispiel 12), sondern auch gelegentlich die Gruppe daran hindern, »Psychoanalyse zu spielen« (s. Fallbeispiel 14).

Es ist wichtig, daß wir als Leiter nicht nur »vertiefen«, sondern auch »heben« können. Die Stufen, die jetzt wieder nach oben führen (s. Abb. 13), sind nicht die gleichen, auf denen wir gekommen sind. Hebend schreiten wir voran, nicht zurück.

Es wäre schade, wenn das »Heben« zu früh anfinge und seinen Ursprung darin hätte, daß es dem Leiter »unbehaglich« würde, wenn der Protagonist auf Stufe 4 in Kontakt zu seinem inneren Fühlen kommt. Anfänger neigen dann dazu, den Protagonisten mit Fragen wie:

> *»Warum, glauben Sie, macht Ihr Chef das?«*

wieder »in seinen Kopf« (und auf Stufe 2) zu schicken. Auch voreilige Fragen nach Lösungen, z.B.:

> *»Wie hätte man so etwas von vornherein verhindern können?«*

sind geeignet, den Protagonisten in seinem inneren Prozeß zu stören, da er sich nun plötzlich eine gescheite Antwort ausdenken muß.

Angenommen, die Protagonistin war längere Zeit in Stufe 4 sichtlich bewegt, ist zu einem Abschluß gekommen oder auch an irgendeiner Stelle »steckengeblieben« – jedenfalls möchten Sie als Leiter nicht weiter vertiefen, sondern allmählich wieder »aufsteigen«. Vielleicht hat auch die Protagonistin signalisiert, daß es ihr an dieser Stelle jetzt reiche. Wie können Sie der Protagonistin helfen, wieder etwas Distanz zu dem Geschehen zu gewinnen?

Wenn ich selbst im Zweifel bin, was jetzt gut wäre, frage ich gelegentlich die Protagonistin direkt:

> *»Sie haben sich jetzt sehr weit eingelassen. Was täte Ihnen hier und jetzt gut, wie es weitergehen soll?«*

Oft kommt die Antwort sehr entschieden, z.B.:

> *»Ich möchte mal sacken lassen und eure Meinung dazu hören!«*

Dies ist eine gute Möglichkeit, Distanz herzustellen, das heißt, das Zentrum des Geschehens jetzt auf die Gruppe zu verlagern. Eine andere Möglichkeit ist, die Protagonistin um eine Zwischenbilanz zu bitten, z.B.:

> *»Wenn Sie sich jetzt noch einmal auf ihr Anliegen zurückbesinnen (›Wie kann ich ...?‹) – wie weit sind Sie damit, nach allem, was Sie jetzt erlebt und in Ihrem Herzen bewegt haben?«*

In ihrer Antwort wird die Protagonistin sehr wahrscheinlich die Stufe 4 verlassen und Stufe 5 (s. Abb. 13) betreten. Hier ist sie dabei, das Erlebte und Gefühlte in Verbindung zu bringen mit einordnenden Gedanken über Ursachen und Konsequenzen des Geschehens. Schwirrt ihr allzusehr der Kopf, kann auch der Leiter ein Zwischenresümee anbieten, z.B.:

> *»Nach alledem sind mir zwei Dinge deutlich geworden: ...«*

Ein weiteres Emporsteigen auf Stufe 6 kann durch Verallgemeinerung geschehen:

> *»Was ich an diesem Beispiel generell wichtig finde: ...«*

Jetzt rückt das allgemeine Phänomen in das Bewußtsein, für welches das Anliegen der Protagonistin ein Beispiel geliefert hat.

Formulierungen wie:

> *»Das erleben wir ja immer wieder, daß ...«*

oder:

> *»Das kennt wohl jeder von sich selbst, daß ...«*

signalisieren das Erreichen der Stufe 6.

Wenn der Leiter ein übriges tut und am Flipchart ein allgemeines Modell aufmalt und erklärt, welches geeignet ist, das erlebte Beispiel einzuordnen und in einen allgemeinen Erkenntniszusammenhang zu stellen, dann betritt er die Stufe 7 der thematischen Auswertung, z.B.

> *»Was wir hier erlebt haben, ist ein sogenannter ›zwischenmenschlicher Teufelskreis‹. Teufelskreise haben üblicherweise vier Stationen, und zwar ...«*

Diese thematische Auswertung deckt sich mit dem, was wir die Stufe 4 (vgl. Abb. 11, S. 43) genannt haben.

Soweit ein grob vereinfachtes Stufenmodell zum »Vertiefen« und »Emporheben«. Bitte beachten Sie, daß dies ein Schema ist! Die erlebnisaktivierende Arbeit folgt den Einmaligkeiten und zuweilen dem Durcheinander eines lebendigen Prozesses – und der verläuft nie schematisch. Auch wird keine geübte Leiterin dieses Schema bei der Arbeit vor Augen haben. Aber sie hat die wichtigen Grundgedanken verinnerlicht, die darin enthalten sind. Und als kognitive Starthilfe für die Entwicklung eines menschlich-situativen »Gespürs« mag es immerhin dienen!

Grundtypen erlebnisaktivierender Fallarbeit

In der Phase 2 hat der Leiter bei jedem Anliegen grundsätzlich ganz verschiedene Möglichkeiten des Herangehens. Vor allem die beiden folgenden Unterscheidungen halte ich für nützlich:

1. Fordert das Thema in besonderer Weise die Selbsterfahrung des Protagonisten heraus, oder geht es vor allem um Strategien, Lösungen, Rezepte? Dies hängt zum einen vom Anliegen ab (welches an den Leiter und an die Gruppe einen »Auftrag« formuliert), zum anderen aber auch von der Bereitschaft des Protagonisten, sich persönlich zu exponieren und einzulassen. Nicht zuletzt auch davon, ob der Rahmen Selbsterfahrung zuläßt und nahelegt.

2. Soll vor allem der Protagonist oder aber vor allem die Gruppe aktiviert werden? Oft gelingt sowohl das eine als auch das andere; manche Strukturideen des Leiters stellen aber auch die Weichen in die eine oder andere Richtung. Hier hängt die Entscheidung einerseits vom Anliegen ab, andererseits aber auch davon, inwieweit die Gruppe danach dürstet, endlich einmal aktiv werden zu dürfen.

Diese beiden Unterscheidungen führen zu dem folgenden Vierfelderschema (s. Abb. 14). Es ist idealtypisch zu verstehen, denn meist umgreifen die Fallarbeiten mehrere Felder, und das ist auch gut so. Dennoch ist die Unterscheidung hilfreich, um die prinzipielle Wahlmöglichkeit des Leiters zu verdeutlichen.

Damit diese vier Felder (und dadurch die vier grundsätzlichen Möglichkeiten des Vorgehens) Ihnen anschaulich vor Augen treten, nehmen wir als Beispiel das Anliegen einer Frau aus dem Fallbeispiel 5 (s. S. 99):

»Alle wollen sie etwas von mir – und ich kann nicht ›nein‹ sagen!«

	Protagonisten- zentriert	Gruppen- zentriert
Selbsterfahrungs- orientiert	**1** Fallbeispiele: 8, 12, 13, 14	**3** Fallbeispiele 5, 9, 11
Lösungs- orientiert	**2** Fallbeispiele: 6, 7	**4** Fallbeispiele: 2, 4, 10

Abb. 14: Vier Grundtypen des Vorgehens bei erlebnisaktivierender Fallarbeit

Sie sei in ihrem Leben bekannt dafür, daß sie tüchtig sei und gerne anderen Leuten einen Gefallen tue. Und tatsächlich werde sie von vielen Seiten immer wieder um Hilfe gebeten. Obwohl sie längst am Ende ihrer Kraft sei, bringe sie es doch nie übers Herz, einmal »nein« zu sagen.

Es folgen nun vier prinzipielle Möglichkeiten des Vorgehens entsprechend dem Vier-Felder-Schema.

Selbsterfahrung der Protagonistin (Quadrant 1)

Hier wäre es zum Beispiel möglich, die Frau einzuladen, die beiden »Seelen in ihrer Brust« – die innere Ja-Sagerin und die innere Nein-Sagerin – auf zwei verschiedenen Stühlen einmal darzustellen (vielleicht auch, sie hinterher miteinander reden zu lassen, indem die Protagonistin sich abwechselnd in die beiden Rollen hineinbegibt und dazu jeweils die Stühle wechselt).

Dieser Vorschlag wäre dafür geeignet, daß die Protagonistin sich selbst auf die Spur kommt, gleichsam hinter die eigenen Kulissen schaut und herausbekommt, welche Kraft in ihr wirksam ist, so daß sie sich immer wieder gegen ihre eigenen Interessen verhält.

Lösungsorientiertes Vorgehen mit der Protagonistin in der Hauptrolle (Quadrant 2)

»Nein-Sage-Strategie« Hier wäre es z.B. möglich, eine »Nein-Sage-Strategie« zu entwickeln und die Protagonistin einzuladen, diese jetzt im Rollenspiel zu üben. Nacheinander kommen alle Lebenspartner, die etwas von ihr wollen, auf die Bühne, und sie muß, unterstützt vom Leiter, ihr »Nein« durchhalten, ohne die anderen übermäßig zu verprellen, aber auch ohne sich »weichkneten« zu lassen. Da hier andere Gruppenmitglieder für die Rollenspiele gebraucht werden, ist gleichzeitig ein wenig Gruppenaktivierung gegeben. Der Quadrant 2 in Reinkultur wäre dann verwirklicht, wenn der Leiter selbst die Rollenpartner spielt (z.B. um eine Schwierigkeitsabstufung vornehmen zu können). In diesem Fall wäre die Gruppe nur Zuschauer.

Selbsterfahrung der Protagonistin durch und in Verbindung mit Gruppenaktivierung (Quadrant 3)

Dieser Vorgehenstypus wird im Fallbeispiel 5 gewählt werden: Alle Gruppenteilnehmer schlüpfen in die Rolle eines ihrer Lebenspartner (Chef, Mutter, Kollegin, Vereinsvorsitzender ...), um sie mit Bitten und Appellen zu bestürmen. Dadurch wird genau jene Gefühlsmischung ausgelöst, die wohl auch im Leben eine Rolle spielt, wenn sie nein sagen möchte und es nicht zuwege bringt. Die Erkundung ihrer eigenen Innenwelt folgt anschließend auf der Basis dieser Gruppenaktivierung.

Das »innere Team« Ein weiteres Vorgehen wäre im Sinne dieses Quadranten: Es wäre mög-
der Protagonistin lich, das »innere Team« der Protagonistin zu erkunden (wer meldet sich

66

alles in ihr, wer verbirgt sich hinter der »Ja-Sagerin« und der »Nein-Sagerin«?). Je ein inneres Teammitglied wird von je einem Gruppenmitglied übernommen und dargestellt. Ihr inneres Stimmengewirr kommt dann auf die Gruppenbühne (siehe ein entsprechendes Vorgehen im Fallbeispiel 9).

Lösungsorientierte Gruppenaktivierung (Quadrant 4)

Hier wäre z.B. an ein »Act-Storming« (Redlich 1994) zu denken. Die für die Protagonistin schwierige Situation wird definiert – z.B. der Vorstandsvorsitzende fragt: »Würden Sie wieder das Protokoll übernehmen, Frau Mock – Sie können das so schön!?« Einer aus der Gruppe spielt den Vorstandsvorsitzenden. Nacheinander kommen mehrere Gruppenmitglieder (die vielleicht draußen vor der Tür gewartet haben, um unbeeinflußt von Vorgängern ihre Version zu spielen) auf die Gruppenbühne und reagieren auf den Vorstandsvorsitzenden in der Rolle von Frau Mock. So können mehrere Gruppenteilnehmer nacheinander ihre Art der Reaktion vorspielen – die Protagonistin schaut sich das Ganze aus der Zuschauerwarte an und kann aus der Vielfalt der Vorbilder ihr eigenes Verhaltensrepertoire entwickeln.

»Act-Storming«

Sie sehen: Je nach Anliegen, je nach Kontext, je nach Ihrem eigenen Stand der Ausbildung können Sie der erlebnisaktivierenden Arbeit ein äußerst unterschiedliches Gepräge geben. Natürlich schließen sich die vier Vorgehensweisen nicht aus: In manchen Beispielen werden Sie sehen, wie die Quadranten während der Arbeit wechseln. Zudem gewinnt ein Leiter an Souveränität, wenn er mehrere Register gleichzeitig oder kurz nacheinander ziehen kann. Dennoch ist es gut, diese vier grundsätzlichen Möglichkeiten vor Augen zu haben, um sich für das eigene Vorgehen bewußter entscheiden zu können. – Eine weitere grundsätzliche Alternative spreche ich im folgenden Abschnitt an.

»Dann und Dort« oder »Hier und Jetzt«?

Fast jedes Thema, das sich auf zwischenmenschliches Geschehen bezieht, kann im »Dann und Dort« oder im »Hier und Jetzt« bearbeitet werden. Was ist damit gemeint? Angenommen, ein Protagonist möchte lernen,

Kritik und negatives Feedback anzubringen. Es falle ihm leicht, Leute zu loben und zu würdigen, aber mit dem, was ihm mißfällt und was er beanstandet, halte er oft lange hinter dem Berg zurück.

Themenbearbeitung im »Dann und Dort«
Bei solchen Themen steht der Leiter vor der folgenden Wahl: Das Thema im »Dann und Dort« zu bearbeiten, das heißt, nach Menschen und Schlüsselsituationen in seinem Leben zu fragen, in denen dieses Anliegen spürbar wird (vgl. das Vorgehen in Fallbeispiel 1). Diese außerhalb des Seminargeschehens liegende Schlüsselsituation kann dann im Rollenspiel dargestellt und bearbeitet werden.

Themenbearbeitung im »Hier und Jetzt«
Oder aber der Leiter bearbeitet das Thema im »Hier und Jetzt«: Denn auch hier, in dieser Trainingsgruppe, sitzen ja Leute, an denen ihm, dem Protagonisten, manches mißfallen mag. Die entsprechende Instruktion lautet: »Schauen Sie herum, und suchen Sie sich drei Leute aus, an denen Sie etwas auszusetzen haben, und probieren Sie, damit einmal in Kontakt zu gehen – wir können dann genau untersuchen, an welcher Stelle es bei Ihnen hakt und, als zusätzliche Möglichkeit, wie die Angesprochenen real darauf reagieren!«

Die zweite Vorgehensweise ist oft zupackender, lebendiger – aber gleichzeitig riskanter. Die dadurch ausgelöste Dynamik in der Gruppe dürfte in der Regel heftiger und komplizierter sein als bei der Bearbeitung des Themas im Dann und Dort. In jedem Fall sollte der Leiter die Zustimmung derer einholen, die nun in die Realübung einbezogen sind. Als Vorteil wiederum stellt sich oft heraus, daß der Kontakt in der Gruppe intensiviert und dadurch freier und lebendiger wird. In jedem Fall darf der Leiter die Übung nicht beenden, ohne die »Hilfsprotagonisten« hinterher anzusprechen und zu erkunden, was bei Ihnen »angerichtet« worden ist.

Viel weniger riskant wäre es natürlich, wenn der Protagonist lernen möchte, mehr anzuerkennen und zu loben. In diesem Falle würde ich als Leiter fast immer die Gelegenheit nutzen, dieses Thema im Hier und Jetzt der Gruppe zu erproben. Es sei denn, es stellt sich bei der Erkundung (in Phase 1) heraus, daß es dem Protagonisten bei einem bestimmten Menschen in seinem Leben besonders schwer fällt: Dann ist die Bearbeitung im »Dann und Dort« angemessen. In unserem Musterbeispiel (Frau, die nicht »nein« sagen konnte) wäre eine Bearbeitung im »Hier und Jetzt« nur

68

dann sinnvoll gewesen, wenn auch in der Trainingsgruppe Menschen gewesen wären, die ihre Hilfe beansprucht hätten.

Um Mißverständnisse zu vermeiden, möchte ich darauf hinweisen, daß auch bei der »Dann und Dort«-Bearbeitung das Geschehen ins »Hier und Jetzt« der Gruppe verlagert wird. Der Unterschied ist nur, daß die Gruppenteilnehmer nun zu Rollenspielern werden und nicht als reale anwesende Personen an der Übung beteiligt sind.

Mögliche Vor- und Nachteile dieser beiden Vorgehensweisen sind in der nachfolgenden Tabelle zusammengestellt. Des weiteren finden Sie Hinweise auf die Übungsbeispiele, in denen das jeweilige Vorgehen in Reinkultur praktiziert wurde.

	Vorteile	**Nachteile**	**Beispiele**
»Dann und Dort«	– Lebensnah für den Protagonisten – Gruppendynamisch nicht riskant	– Viel Kontextwissen nötig – Gruppenteilnehmer nur als Rollenspieler	1, 5, 10, 13, 20
»Hier und Jetzt«	– Gruppenteilnehmer real involviert – Lebendiges »Live«-Geschehen	– Gruppendynamisch riskant – Thema in der Gruppe u.U. nicht aktuell	2, 3, 6, 7, 12, 16

Vor- und Nachteile der beiden Vorgehensweisen

Soweit zur allgemeinen Einführung, nun zur Übung!

In unseren Trainingskursen für Gruppenleiter nehmen wir uns nach der Phase 1 (vgl. Abb. 11, S. 43), nachdem also der Protagonist sein Thema geschildert hat, eine Auszeit: Jeweils zwei Teilnehmer ziehen sich zurück und beraten, wie sie in diesem Fall vorgehen wollen. Nachher wird der beste Vorschlag angenommen und kommt zur Ausführung. Im »Ernstfall« haben Sie diese Auszeit nicht, sondern müssen innerhalb weniger Sekunden entscheiden, wie Sie vorgehen wollen. Viel Übung und Erfahrung helfen, um ein Gefühl für die Situation und angemessene Vorgehensweisen »aus dem Stand heraus« zu entwickeln.

Die folgenden 20 Beispiele sind aus authentischen Fallbearbeitungen hervorgegangen und für didaktische Zwecke verdichtet. Sie können Übung und Erfahrung nicht ersetzen, sollen Ihnen jedoch als »Trockenübungen« einen Eindruck davon vermitteln, um was es geht, und das Spektrum der Arbeitsmethoden verdeutlichen.

Bitte entwickeln Sie an den jeweiligen Stellen, wo es heißt:

> »*Was sagen Sie, oder was schlagen Sie vor?*«

eigene Ideen zum weiteren Vorgehen. Diese eigenen Ideen müssen keinesfalls schlechter sein als das, was ich in der Situation getan und gesagt habe! Mehrere Wege führen manchmal nach Rom. Das Wichtigste ist, daß Sie erst einmal ein Gespür dafür bekommen, wie diese Arbeit verläuft, welche Ideen aussichtsreich sind (und weshalb!) und wohin sie führen können.

20 Fallbeispiele zum Selbsttraining

Unter Mitarbeit von Katrin Wohlthat

Fallbeispiel 1
»Beziehungsebene verstärken«

Ein Physiker – Teilnehmer an einer Seminargruppe mit acht Personen – stellt sein Thema vor. Er hat als Gruppenleiter in einem Forschungslabor drei junge Laboranten und möchte Antworten auf die Frage:

»**Wie kann ich im Umgang mit meinen Mitarbeitern die Beziehungsebene verstärken?**«

Hintergrund: Der Physiker bezeichnet sich selbst als sachlichen Typ, und entsprechend würden die Kontakte zwischen ihm und seinen Leuten auch immer knapp und sachbezogen laufen: »Ich glaube, da läuft zuwenig auf der Beziehungsebene!«

Was sagen Sie, oder was schlagen Sie vor?

....

....

....

....

....

Konkretisierung von Anliegen   Ich habe gefragt: »Gibt es irgendeine typische Situation, wo Ihnen diese Art von knappen, sachbezogenen Kontakten besonders auffällt?«

Methodische Erläuterung:

Hier geht es um eine Konkretisierung, durch ein Beispiel wird sein Anliegen anschaulicher und auch lebendiger (vgl. Abb. 12, S. 46)

Darauf er: »Ja, zum Beispiel Montag morgens, wenn das Wochenende vorbei ist und ich ins Labor komme und jeden der drei an seinem Platz begrüße.«

Was sagen Sie oder schlagen Sie vor?

....

....

....

....

....

Ich sage: »Ich schlage vor, diese Situation hier kurz zu inszenieren. Bevor wir sie nachspielen, möchte ich Sie bitten, sich drei Mitspieler als Laboranten auszusuchen und einmal der Reihe nach hinter die drei zu treten und – indem Sie jeweils per ›ich‹ sprechen – kurz zu sagen, was der einzelne Laborant für ein Mensch ist und was in ihm vorgeht – z.B.: ›Ich bin 19 Jahre alt und seit zwei Jahren in dieser Firma. Insgesamt gefällt es mir hier …, und was mir in meinem Leben wichtig ist, das ist …‹«

Sollte der Protagonist stocken, kann man ihm mit Satzanfängen helfen, sich in den Mitarbeiter hineinzuversetzen, z.B.: »Und meinen Chef finde ich …«

Auf diese Weise sind nun alle drei Rollenspieler »eingedoppelt« (und haben ihrerseits keine Fragen mehr).

Methodische Erläuterung:

Neben der Konkretisierung hat die Einbeziehung von Mitspielern den Vorteil, daß auch die übrigen Gruppenteilnehmer aktiviert werden und es für sie leichter ist, Anteil an dem Geschehen zu nehmen: *Je höher die Anteilnahme, desto besser die Lernatmosphäre.*

»*Eindoppeln*«
Der Begriff des »Eindoppelns« kommt aus dem Psychodrama. Im Rollenspiel – oder der nachgespielten Situation – übernimmt ein anderer Gruppenteilnehmer die Rolle einer nicht anwesenden Person. Sie ist also das »Double« oder auch »Doppel«. Diese Person in ihre Rolle einzuführen heißt, sie eindoppeln.

Hierzu tritt der Protagonist, der die nicht anwesende Person ja kennt, hinter das Doppel und führt in Ich-Form das Doppel in seine Rolle ein: »... Ich bin Herr Meier, bin 32 Jahre, arbeite schon seit meiner Lehrzeit hier, zu meiner Arbeit kann ich sagen ..., ansonsten bin ich eher ... und denke darüber ...«

Das Doppel kann hierzu dem Protagonisten noch vertiefende Fragen stellen. Hilfreich kann es auch sein, dem Doppler eine typische Körperhaltung oder einen typischen Satz mitzugeben.

Ein Nebeneffekt des Eindoppelns besteht darin, daß der Protagonist sich in das Innenleben seiner Mitarbeiter einfühlen muß. (Kann er das? Hier ist auch Diagnostik möglich.) Immer mehr tritt so auch der menschliche Gesamtkontext des Themas vor Augen.

Für weiterführende Literatur siehe hierzu:
Yablonski, Lewis: Psychodrama. Die Lösung emotionaler Probleme durch das Rollenspiel, Fischer: Frankfurt a.M. 1992.

Etwas allgemeiner auf das Doppeln geht das folgende Buch ein:
Thomann, Christoph/Schulz von Thun, Friedemann: Klärungshilfe. Handbuch für Therapeuten, Gesprächshelfer und Moderatoren in schwierigen Gesprächen, Rowohlt: Reinbek 1988.

Wie ist Ihre nächste Instruktion?

....

....

....

....

....

Ich bitte den Protagonisten, nun einmal vorzuspielen, wie das in der Regel am Montag morgen abläuft.

Er spielt vor: Er betritt das Labor, geht zum ersten Mitarbeiter, begrüßt ihn freundlich mit Handschlag, schaut auf dessen Arbeit (Papiere, Reagenzgläser) und fragt, ob alles gut läuft. Der Mitarbeiter berichtet kurz, hat vielleicht eine Frage. Nach der Beantwortung der Frage wendet sich der Gruppenleiter mit einem kurzen freundlichen Kopfnicken zum nächsten Mitarbeiter. Hier wie auch beim dritten verläuft der Kontakt ähnlich: kurz, sachbezogen, freundlich.

Methodische Erläuterung:

Hier wird ein »diagnostisches Rollenspiel« vorgeschlagen, in dem es nicht darum geht, »gutes« Verhalten einzuüben, sondern sich anzuschauen, wie die vom Protagonisten geschilderte Situation, also das Zusammenkommen des Leiters mit seinen drei Laboranten, am Montag morgen üblicherweise aussieht. Dadurch wird die dem Protagonisten bekannte Situation auch für die Gruppe erfahrbar.

Diagnostisches Rollenspiel

Nach dem Spiel schaut der Gruppenleiter (Protagonist) mich an, zuckt mit den Schultern und sagt leise: »Tja, so läuft das eben.«

Ich selbst habe den Eindruck, daß das gar nicht schlecht läuft. Vielleicht leidet der Protagonist mehr an seinen Ansprüchen, die er im Kopf hat, als an der Situation selbst?

Was sagen Sie oder schlagen Sie jetzt vor?

....

....

....

....

....

Laut denken

Ich nehme den letzten Satz des Protagonisten (»Tja, so läuft das eben!«) auf und bitte ihn:»Vielleicht können Sie bei dem Satz noch mal weitermachen und alles aussprechen, was Ihnen dazu noch in den Sinn kommt – also einmal laut denken.«

Dazu stelle ich mich neben den Protagonisten, um ihn zu unterstützen (Schlüsselsätze wiederholen, allgemeine Erwägungen in »Ich«-Form übersetzen, Satzanfänge anbieten, s. S. 77).

Methodische Erläuterung:

Die vorgeschlagene Intervention hat den Vorteil, daß das Innere des Protagonisten angesprochen wird, seine Gedanken und Gefühle zu der Situation und zum ganzen Kontext. Er hat durch die Aufforderung, seiner Reaktion nachzugehen, die Möglichkeit, seine Haltung dazu kennenzulernen oder intensiver wahrzunehmen (Selbstklärung).

Möglich wäre statt dessen an dieser Stelle auch ein sofortiges Rollenfeedback seitens der »Rollenlaboranten« gewesen, s. S. 78.

Er denkt laut: »Ich sollte doch viel mehr auch die privaten Dinge ansprechen, vielleicht mal von meinem Wochenende erzählen – ich meine, das ist einfach zu sachbezogen.« – (»Hätten Sie denn Lust dazu?«) – »Nee, irgendwie nicht; ich meine, wir haben ein gutes Verhältnis, nicht? Aber das Private ...« (stockt) – (»Wenn alles nach mir ginge, dann würde ich am liebsten ...?«) – »... dann würde ich am liebsten gar nicht nach dem Wochenende fragen, sondern gleich so wie hier ...« – (»Aber?«) – »Aber man sollte doch mehr die Beziehung aktivieren ...« – (»Denn wenn man das nicht tut ...?«) – »... Tja, dann ... also in der Nachbarabteilung, der Gruppenleiter ist ein ganz anderer Typ, da gehen die dann oft ein Bier zusammen trinken, reden über alles mögliche, und die Leute gehen für ihn durchs Feuer.« – (»Und ich möchte, daß meine Leute für mich ebenso durchs Feuer gehen ... !?«) – »Nee, so auch wieder nicht; ich bin ja zufrieden damit, so wie es ist.«

Ein Teilnehmer in der Gruppe fällt ein: »Haben Sie mal daran gedacht, sich die Hobbys der Laboranten zu notieren? Ich habe in meinem Notizbuch für jeden eine Seite vorgesehen, wo ich all so was eintrage.«

Ich sage: »Bitte jetzt noch keine Ratschläge!«

Methodische Erläuterung:

Hier wird der Ratschlag eines Teilnehmers nicht aufgegriffen, sondern unterbunden; denn in dieser Situation geht es nicht darum, eine optimale Lösung des Problems zu finden, sondern dieses Beispiel zum Anlaß zu nehmen, den eigenen Stil des Führungsverhaltens sicherer beurteilen zu können und den eigenen inneren Kompaß einzustellen. Daher sollte an dieser Stelle die Selbstklärung erweitert werden.

Keine Lösungen und Ratschläge in Phase 2!

In einer späteren Phase der Gruppenarbeit (s. S. 43) sind Tips und Ideen hingegen willkommen.

Was schlagen Sie als nächstes vor?

✎

....

....

....

....

....

Gruppenaktivierung　Ich wende mich an die drei Rollenlaboranten: »Angenommen, ihr Laboranten habt durch irgendein Schlüsselloch gehorcht und die Gedanken eures Gruppenleiters mitgehört. Wie reagiert ihr darauf? Könnt ihr euch mal darüber unterhalten, so ganz unter euch?«

Und zum Protagonisten: »Und jetzt hören wir mal durch's Schlüsselloch alles mit!«

Die drei setzen sich zusammen und diskutieren, mit dem gemeinsamen Tenor: »Das wäre ja furchtbar, wenn er nun anfinge, ›auf privat‹ zu machen! Interessiert ihn doch gar nicht wirklich! Und so kumpelhaft sind wir doch hier gar nicht miteinander, muß doch auch nicht sein. Soll er doch bloß nicht anfangen mit solchem Schmus!«

Nach einer Weile breche ich ab.

Methodische Erläuterung:

Rollenfeedback　Die gewählte Vorgehensweise läßt sich als indirektes Rollenfeedback charakterisieren. »Direktes« Rollenfeedback würde darin bestehen, daß die »Laboranten« ihrem Leiter ins Gesicht sagen, wie sie ihn (in ihrer Rolle) empfunden haben. Hier hingegen sagen sie es ihm nicht direkt, sondern bleiben unter sich. Zwei mögliche Vorteile dieses Vorgehens:

❖ Wenn wir »unter uns« sind, ist es leichter, »kein Blatt vor den Mund zu nehmen«. Dieser Effekt geht auch dann nicht ganz verloren, wenn jeder um die Anwesenheit des Protagonisten (»hinter dem Schlüsselloch«) weiß.

❖ Der Protagonist ist zum Zuhören gezwungen. Wird er direkt angesprochen, möchte er eventuell reagieren, sich rechtfertigen etc.

Ich selber hatte den Eindruck, zu diesem Chef würde die »Verstärkung der Beziehungsseite« – so wie er es nannte – nicht passen, er sollte ruhig zu seiner sachlichen Art stehen. In der Arbeit als Klärungshelfer oder Moderatoren dürfen und müssen wir auch unserer eigenen Wahrnehmung und unserem Gefühl zu der Situation vertrauen.

Die Aufforderung an die Gruppe, ihre Reaktionen auszutauschen, war insofern ein Risiko, als daß sie ganz anders reagieren könnten und es toll fänden, wenn er abends mit ihnen (den Laboranten) ein Bier trinkt. Aber auch das wäre nicht schlimm, ich könnte später meine eigene Meinung dagegenhalten, und es gäbe dann eine konfrontative Diskussion, in der der Protagonist zwei entgegengesetzte Standpunkte hören würde. Warum nicht?

In diesem Fall ist das, was die »Laboranten« äußern, Wasser auf meine »innere Mühle«, und auch er scheint beeindruckt.

Was sagen Sie jetzt, oder was schlagen Sie vor?

....

....

....

....

....

Ich wende mich wieder an den Protagonisten, neben dem ich die ganze Zeit gestanden habe: »Sie haben das ja nun mitgehört, wie reagieren Sie darauf?«

Er sagt nachdenklich: »Fast habe ich das schon so vermutet – vielleicht sollte ich einfach ich selbst sein. – Aber so einfach kann das doch nicht sein!?«

Methodische Erläuterung:

Für den Protagonisten deutet sich hier eine Lösung, eine Antwort auf seine Frage an. Gleichzeitig bleiben ihm Zweifel. Offenbar ist da immer noch eine innere Stimme in ihm, die sagt, er solle sich anders verhalten. Daher wäre jetzt die Möglichkeit gegeben, diese Stimme, die ihm immer noch zuzusetzen scheint, hervorzuholen und als Mitglied seines »inneren Teams« auf einen Stuhl zu setzen und mit ihr ins Gespräch zu kommen (zum »inneren Team« siehe Übung 9). Hier könnte man fragen nach den Bedenken, Wünschen oder auch Ansprüchen dieser Stimme in ihm, die ein anderes Leiterverhalten einfordert.

Was sagen Sie jetzt, oder was schlagen Sie vor?

....

....

....

....

....

Nachdem jedoch jetzt viel zwischen dem Protagonisten, der Laborantengruppe und mir hin- und hergegangen ist, halte ich den Zeitpunkt für gekommen, die *Restgruppe* mit einzubeziehen und eine allgemeine Diskussion freizugeben.

Vorher entlasse ich alle Mitspieler aus ihren Rollen und bilde wieder einen Sitzkreis, in den ich mich selber mit hineinbegebe.

An der Diskussion nehme ich nach einiger Zeit selbst teil (erst sind aber die dran, die nun so lange zugeschaut haben!) und halte mit meiner Meinung nicht hinter dem Berg.

Methodische Erläuterung:

Hier findet die Überleitung zu Phase 3 (s. S. 43), der Einbeziehung der Gruppe und dem Austausch in der Gruppe, statt.

An dieser Stelle des Prozeßverlaufes ist eine Diskussion meistens sehr ergiebig, weil alle gemeinsam etwas erlebt haben und an diesem Punkt über das gleiche sprechen.

Wird eine solche Diskussion – wie es manchmal von den Teilnehmern gewünscht wird – vor einer erlebnisaktivierenden Zwischenphase geführt, ist diese in der Regel unergiebig, abstrakt und »abgehoben«, da die Teilnehmer noch zuwenig erfahren haben von der äußeren und inneren Situation des Protagonisten.

Zum Schluß kann man

entweder

einen Kurzvortrag am Flipchart halten (Diskussisonsbeiträge aus der Gruppe argumentativ mit verwenden): »Über die Gefahren, die Beziehungsebene als Schmieröl zu gebrauchen.«* (Phase 4, vgl. S. 43)

oder/und

den Protagonisten um seine Schlußbilanz bitten.

---

*   Zum Thema »Schmieröl« auf der Beziehungsebene siehe auch: Schulz von Thun 1981, S. 204–208.

Kommentar zu Fallbeispiel 1:

*Grundsätzliche
Ziele erlebnis-
aktivierender Arbeit*

An diesem Fallbeispiel sind die drei Hauptziele erlebnisaktivierender Fallarbeit (vgl. Abb. 12, S. 46) gut verwirklicht und illustriert:

1. *Konkretisierung* (in Hinblick auf das Thema)
   Sie wird dadurch erreicht, daß der Leiter gleich am Anfang nach einer konkreten Situation fragt, an die die ganze weitere Arbeit angeknüpft wird.

2. *Vertiefung* (in Hinblick auf den Protagonisten)
   Die vertiefende Selbstklärung vollzieht sich vor allem beim »lauten Denken« (s. S. 76), das der Leiter durch die Vorgabe von Satzanfängen anregt.

3. *Aktivierung* (in Hinblick auf die Gruppe)
   Sie wird dadurch erreicht, daß die Laboranten des Gruppenleiters von Gruppenteilnehmern gespielt werden und sie in diesen Rollen auch ihr »Eigenleben« entfalten dürfen (s. indirektes Rollenfeedback, S. 78).

Nacheinander betreten nun die vier Redner den Raum und halten ihre Rede zu dem Thema: »Was kennzeichnet für mich als Kunden eine sympathische Sparkasse?« Ich selbst komme als erster, um dann im Raum bleiben und den weiteren Prozeß steuern zu können.

Die vier kurzen Vorträge fallen in ihrer Art und auch inhaltlich sehr unterschiedlich aus. Die Situation ist spannend und kurzweilig.

Was schlagen Sie vor, nachdem der vierte seine Rede beendet hat?

....

....

....

....

....

Ich sage: »Ich möchte vorschlagen, daß die vier Redner jetzt wieder den Raum verlassen, damit die Jury ihre Eindrücke auswerten kann, ohne auf uns große Rücksicht zu nehmen. Bitte rufen Sie uns wieder herein, wenn Sie fertig sind, und präsentieren Sie dann das Ergebnis!«

Die Arbeit der Jury dauert länger als erwartet (etwa eine halbe Stunde). Die dann anschließende Präsentation gefiel mir sehr gut: Für jeden der Redner wurden zwei Spalten angelegt: Aspekte, die »sympathisch« gewirkt haben (linke Spalte), und Aspekte, die eher »unsympathisch« gewirkt haben (rechte Spalte). Bei allen vier Rednern steht sowohl in der linken als auch in der rechten Spalte etwas.

Anschließend werden diese Ergebnisse diskutiert, und der Protagonist (der bei dieser Arbeit nur der Impulsgeber für das gesamte Geschehen gewesen ist) macht sein Resümee.

Fallbeispiel 3
»Mit allen ›vier Ohren‹ hören«

In einer Gruppe von Trainern und Erwachsenenbildnern formuliert einer der Teilnehmer folgendes Anliegen:

»**Ich möchte lernen, mit allen vier Ohren* zu hören.**«

Hintergrund: Der Teilnehmer erklärt, daß er irgendwie den Eindruck habe, daß er sehr schnell mit einem Ohr »anspringe«, wenn ihm jemand etwas sage. Er möchte herausfinden, ob das stimmt – und wie er seine Hörgewohnheiten erweitern und flexibler gestalten könne.

Ich frage zunächst, ob ihm ein typisches Beispiel einfalle, das zu diesem Anliegen paßt. Er berichtet von Auseinandersetzungen mit seinem Sohn. Tatsächlich stellt sich heraus, daß sein Beziehungs- und Appellohr besonders auf Empfang geschaltet sind – zumindest bei diesem Beispiel. Nach diesem Einblick ins »Dann und Dort« (vgl. S. 67f.) möchte ich das Thema gerne noch ein wenig mit dem »Hier und Jetzt« in der Gruppe verbinden.

Was schlagen Sie vor?

....

....

....

---

*   Diese Übung setzt die Kenntnis meines Kommunikationsmodelles voraus: s. Schulz von Thun 1981.

Ich sage: »Ich möchte Ihnen jetzt noch ein kleines Experiment hier in der Gruppe vorschlagen. Nacheinander soll jeder Teilnehmer etwas zu Ihnen sagen …«, an die Gruppe gewandt: »… etwas was Ihnen jetzt gerade zu Herrn X in den Sinn kommt, und zwar etwas Wahres, Echtes.«

Bearbeitung eines Themas im »Hier und Jetzt«

Zu Herrn X: »Wir können dann jeweils schauen, welches Ihrer Ohren zuerst ›anspringt‹, und können dann die anderen Ohren ergänzen. Sind Sie einverstanden?«

Nachdem er zugestimmt hat, setze ich mich neben den Protagonisten und frage in die Gruppe, wer anfangen möchte.

Methodische Erläuterungen:

❖ An diesem Beispiel läßt sich sehr schön zeigen, daß man das thematische Anliegen entweder auf eine konkrete Situation im »Dann und Dort« beziehen kann und/oder auf das »Hier und Jetzt« in der Gruppe mit der besonderen Chance, gleichzeitig die Aktivierung der Gruppe zu erreichen und deren authentische Beteiligung (vgl. S. 69).
Dies ist freilich mit dem Risiko verbunden, daß alles komplexer und komplizierter wird, da in diesem Fall gruppendynamische Verwicklungen beginnen können. Diese müssen dann hinterher bearbeitet werden.

❖ Hier wird ein Experiment vorgeschlagen, nicht eine Übung. Der Unterschied zwischen einem Experiment und einer Übung besteht darin, daß man bei einem Experiment völlig offen ist für den Ausgang, man weiß nicht, was herauskommt. Eine Übung hingegen hat ein bestimmtes Lernziel, man weiß, was sich dabei entwickeln soll.

Unterschied zwischen »Experiment« und »Übung«

❖ Wichtig ist, sich neben den Protagonisten zu setzen, um ihn bei diesem kleinen Selbstversuch zu unterstützen. Er will herausfinden, welches Ohr bei ihm besonders ansprechbar ist. Mit einem Klärungshelfer an seiner Seite geht das einfacher. Zudem geschieht dies zu seinem Schutz, denn man weiß ja nicht, was aus der Gruppe auf ihn zukommt.

Die erste, Frau Y, sagt: »Ich habe Sie, Herr X, bisher als ziemlich zurückhaltend erlebt.«

Was sagen Sie jetzt?

✎

....

....

....

....

....

Ich frage den Protagonisten: »Welches Ohr springt zuerst an?«

Er: »Komm mal ein bißchen mehr aus dir heraus!«

Ich sage: »Also zuerst reagiert das Appellohr.« (s. Abb. 15)

Und: »Was hören Sie mit dem Beziehungsohr?«

Er: »Wahrscheinlich willst du von dir nichts preisgeben.«

Abb. 15: Hören mit dem Appellohr

Ich: »Ja, könnte sein: Sie mauern und drücken sich, hier mehr von sich zu zeigen! – Und was hört das Selbstkundgabeohr?«

Er: »Ja, das weiß ich jetzt nicht!«

Ich: »Ja, spekulieren Sie einfach mal! Was könnte die Frau Y mit ihrer Äußerung über sich selbst mitteilen?«

Er: »Vielleicht: Ich fühle mich hier von Ihnen beobachtet, das ist mir unangenehm!«

Ich: »O.K. – wäre möglich. Ich lasse das Sachohr mal aus an dieser Stelle. Damit hätten wir jetzt alle Ohren auf Empfang geschaltet.«

Was schlagen Sie als nächstes vor?

....

....

....

....

....

Ich sage: »So, nun wollen wir mal überprüfen, ob Sie richtig gehört haben.«

An Frau Y gewandt: »Können Sie einmal sagen, was richtig und was falsch angekommen ist?«

Methodische Erläuterung:

Jetzt kommt die Stunde der Überprüfung: Stimmt das, was »angekommen« ist, mit dem überein, wie es gemeint war?

Jede Äußerung hat einen Sender und einen Empfänger. Mit der Frage an den Protagonisten, welches Ohr zuerst »angesprungen« ist, wurde die Seite des Empfängers erkundet. Die Frage an Frau Y, die Senderin der Äußerung, legt den Fokus nun auf die Überprüfung: Stimmt das, was »angekommen« ist, mit dem überein, was gemeint war? Hat das Ohr, das zuerst »angesprungen« ist, den wichtigsten Teil der Botschaft aufgenommen?

Teilweise bestätigt diese, teilweise korrigiert sie und zum Teil ergänzt sie. – Danach ist der nächste dran. So geht es weiter, bis alle etwas gesagt haben.

Angenommen, eines der Gruppenmitglieder möchte nichts sagen.

Wie würden Sie darauf reagieren?

....

....

....

....

....

Eine Möglichkeit wäre: »Gut, Herr A möchte nichts sagen. Nehmen wir das auch einmal als eine ›quadratische‹ Mitteilung.« (s. Abb. auf der nächsten Seite)

Zum Protagonisten: »Was hören Sie daraus als erstes?« Usw.

Methodische Erläuterung:

Hier hätte es auch Alternativen gegeben. Einmal wäre es möglich, einfach zu sagen: »Der nächste, bitte«, oder aber den Betreffenden zu fragen, was hinter der Entscheidung steht, an diesem Experiment nicht teilnehmen zu wollen. (Wichtig für die Nachbesprechung: Fällt ihm schlicht nichts ein, oder hat er einen Vorbehalt gegen das ganze Experiment?)

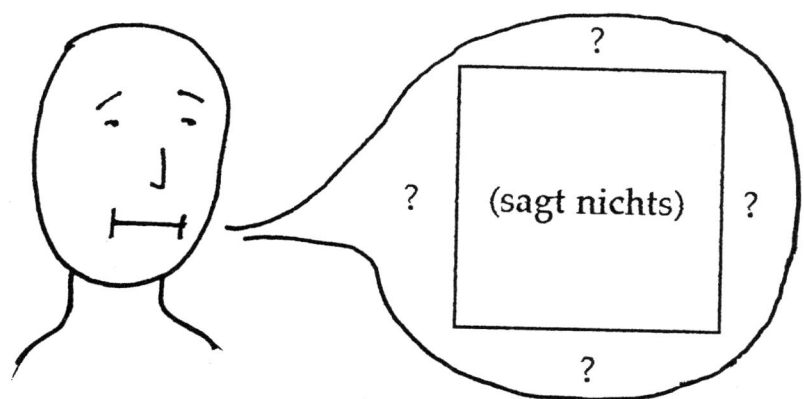

Abb. 16: *Unausgesprochene Botschaften werden auf ihre Mitteilung hin überprüft*

Die Übung ist beendet, wenn alle an der Reihe waren. Danach erfolgen die Bilanz des Protagonisten und eine freie Aussprache in der Gruppe.

Fallbeispiel 4
Erhöhter Arbeitsanfall

Ein älterer Abteilungsleiter machte zu seinem Anliegen:

>»Wie kann ich das gute Arbeitsklima in meiner Abteilung retten,
obwohl ich es durch den absehbar erhöhten Arbeitsanfall in Zukunft
bedroht sehe?«

Hintergrund: Zur Zeit läuft die Kooperation gut in seiner Abteilung, aber
er sieht dunkle Wolken heraufziehen: Durch bestimmte Entwicklungen
veranlaßt, wird es in Zukunft sehr viel mehr zu tun geben. An eine entsprechende Personalerhöhung sei nicht zu denken, jedenfalls habe er in
der Richtung nichts ausrichten können.

Aus der Gruppe werden viele sachliche Fragen gestellt, teilweise schon mit
verdeckten Lösungsvorschlägen. (»Haben Sie schon mal daran gedacht, ...?«) Der Protagonist reagiert auf die Fragen und berichtet immer
mehr und mehr und mehr – das Gespräch droht sich in Detailfragen zu
verheddern.

Angenommen, Sie möchten lösungsorientiert und gruppenaktivierend arbeiten (s. S. 65):

Was schlagen Sie vor?

94

Zunächst schlage ich ein Brainstorming vor und erkläre kurz, was damit gemeint ist. (Jede Idee ist willkommen, jegliche Prüfung auf Tauglichkeit und Angemessenheit unterbleibt in diesem Stadium!)

Ich bitte darum, daß nur Stichworte genannt werden, noch keine ausführlichen Erläuterungen. Diese Stichworte lasse ich mir zurufen und schreibe sie auf das Flipchart (s. Abb. 17). Zum Beispiel: »Gespräch mit dem Chef« – oder: »Rationalisierungsschritte vorbereiten« usw. Ich selbst schlage eine etwas provokative Lösung vor: »Sich jetzt schon auf Überstunden einstellen!«

Es kommen etwa neun Lösungvorschläge zusammen.

Lösungsorientiertes
gruppenaktivierendes
Vorgehen

Abb. 17: Ergebnis des Brainstormings (Ausschnitt)

Methodische Erläuterung:

Da weder der Protagonist noch das Thema besonders zur Selbsterfahrung einladen, habe ich hier ausnahmsweise nach der Situationserkundung sogleich nach Lösungsideen gefragt. – Dieses Beispiel zeigt, daß sachlich-strukturelle Fragestellungen auch ohne psychologischen Tiefgang gruppenaktivierend bearbeitet werden können.

Was schlagen Sie als nächstes vor?

....

....

....

....

....

Ich gebe der weiteren Gruppenarbeit folgende Struktur:

Jeder soll sich einen der Lösungvorschläge aussuchen, den er nach dem bisher Gehörten favorisiert und für den er sich stark machen möchte. Dann soll jeder nacheinander nach vorn kommen und etwa drei Minuten für seinen Lösungsvorschlag werben und ihn argumentativ vertreten.

Der Protagonist wird aufgefordert, nach jeder Ansprache als Jury zu fungieren und – still für sich – eine Zahl von 0–10 zu notieren:

10 bedeutet: maximal tauglich für meine Situation
0 bedeutet: völlig untauglich für meine Situation

Methodische Erläuterung:

Dieses Vorgehen gibt der Lösungssuche eine klare Struktur. Dadurch, daß jeder »Anwalt« einer bestimmten Lösung angehalten ist, sein »Plädoyer« stehend zur Gruppe zu halten, bekommen die Beiträge mehr Prägnanz, als wenn alle miteinander und durcheinander reden würden.

Strukturiertes Vorgehen bei der Lösungssuche

Der Protagonist wird durch seine »Jury«-Rolle hochgradig aktiviert; als »Oberexperte« vergibt er Noten und ist so den vielen Ratschlägen nicht passiv ausgesetzt.

Eine Alternative, die ich auch oft wähle, wäre die, daß immer zwei Teilnehmer sich zur Beratung zurückziehen und anschließend gemeinsam ihre Idee vortragen.

Zwei Lösungvorschläge aus dem Brainstorming bleiben ohne Anwalt; sie entfallen. Ich selbst übernehme den Lösungsvorschlag »Sich jetzt schon auf Überstunden einstellen«.

Da ich vom Protagonisten den Eindruck gewonnen habe, daß er zu einer friedfertig-geduldig-resignativen Haltung neigt (»Man kann doch nichts machen!«), entschließe ich mich für einen paradox-provokativen Beitrag, als die Reihe an mir ist.

Wie könnte ein solcher aussehen?

....

....

....

....

....

Paradoxe Intervention

Als ich mit meiner Ansprache dran bin, empfehle ich dem Protagonisten, alles geduldig hinzunehmen, und begründe diese Lösung mit guten Argumenten, wie:

> *»Natürlich könnte man in Ihrer Situation nun Alarm schlagen und den Vorgesetzten die Hölle heiß machen. Das kommt aber für Sie, da Sie ja ein sehr friedfertiger und geduldiger Mensch sind, nicht in Betracht. Sie würden sich damit selbst untreu werden! Sie sollten daher bereits frühzeitig Ihre Frau und Ihre Familie darauf vorbereiten, daß Sie abends für die Familie kaum noch zur Verfügung stehen werden und überwiegend im Büro Dinge aufarbeiten. Es ist wichtig, daß die Familie darauf vorbereitet ist. Wichtig auch, daß Sie als Vorgesetzter mit gutem Beispiel vorangehen und selbst für alle sichtbar viele Überstunden machen ...«* Usw.

Methodische Erläuterung:

Mit dieser kleinen »paradoxen Intervention« wollte ich seinen Widerspruch erregen, den Teil in ihm wachrütteln, der nicht alles mit sich machen läßt. Da der ganze Kontext ein wenig spielerisch-kreativ angelegt ist, habe ich mir erlaubt, mich von diesem kleinen Teufel reiten zu lassen. Zur Nachahmung nur ausnahmsweise empfohlen!

Nachdem alle ihr Plädoyer gehalten haben, vergibt der Protagonist seine Punktzahlen und begründet sie. Zwei erhielten acht Punkte (mein paradox-provokativer immerhin drei!).
Anschließend findet eine kurze, freie Gruppendiskussion statt.

Kommentar zu Fallbeispiel 4:

Das hier beschriebene Vorgehen ist nahezu immer möglich. Es sorgt für eine geordnete Struktur und mittlere Aktivierung. Ich benutze es allerdings nur selten, mehr als Verlegenheitslösung, wenn mir nichts anderes einfällt – oder wenn ich befürchte, daß andere Vorgehensweisen zu vertiefend sind.

98

Fallbeispiel 5
»Alle wollen sie was von mir!«

Eine Erwachsenenbildnerin formulierte folgendes Anliegen:

Wie kann ich den vielen Ansprüchen und Erwartungen mir gegenüber gerecht werden, ohne mich zu zerfleddern und aufzureiben?«

Hintergrund: Die Erwachsenenbildnerin berichtet, sie könne schlecht nein sagen, es kämen immer wieder Leute , die an sie Bitten und Erwartungen herantragen. Hierbei handele es sich um Leute aus ihrem Leben (z.B. der Chef, Eltern usw.). Sie möchte dem ja auch nachkommen, merke aber mit der Zeit, daß sie zuwenig zur Ruhe komme und nicht mehr abschalten könne. Immer gehe ihr etwas durch den Kopf, was sie noch zu machen habe. Von Ansprüchen umgeben – »und alle wollen sie etwas von mir!«

Was schlagen Sie vor?

....

....

....

....

....

Ich bitte die Protagonistin zu konkretisieren, wer denn da alles etwas von ihr will – mit der Idee, diese »Druckpartner« (= Menschen, die ihr Druck machen) von Gruppenmitgliedern spielen zu lassen.

Es kommen sieben Personen zusammen: Vorgesetzter, Fachvorgesetzte, Kollegin, Vater, Mutter, Verbandssekretär, Freundin.

Ich bitte die Protagonistin, je einen aus der Gruppe für diese verschiedenen Personen zu bestimmen. Es geht gerade auf, die Eltern werden durch eine Person verkörpert.

Methodische Erläuterung:

Die Leiter sind nicht für die Lösung zuständig

Hier wie auch sonst ist es wichtig, daß Sie als Leiter sich nicht selbst unter Druck setzen, daß sie eine »Lösung« wissen müßten. (Dann würde die Protagonistin zu Ihrer »Druckpartnerin«.)

Vielmehr ist es die Aufgabe des Leiters, das Thema oder das Problem so deutlich und so fühlbar (und auch nachfühlbar) wie möglich in den Raum zu holen. Dieses Ziel wird erreicht, indem das, was im Leben der Protagonistin passiert, hier in der Gruppe inszeniert wird.

Exemplarisches oder verdichtendes Vorgehen

Dabei wird entweder exemplarisch eine Schlüsselsituation gewählt (exemplarisches Vorgehen) oder aber eine Verdichtung aller auftretenden Momente inszeniert (verdichtendes Vorgehen). Was damit gemeint ist, ergibt sich aus dem folgenden Verlauf.

Was schlagen Sie als nächstes vor?

✎

....

....

....

....

....

Ich bitte die Gruppe, sich im Kreis aufzustellen. Die Protagonistin soll nun hinter jeden einzelnen treten und ihm in der Ich-Form noch einmal sagen, wer er ist und was er von ihr will, welche Ansprüche also von ihm ausgehen – und sie soll für jeden einen treffenden Satz finden, der die Erwartungshaltung auf eine kurze Formel bringt, z.B.:

> »Sie machen das immer so gut, Frau Mock!«
> »Frau Mock, das Protokoll!«
> »Auf Sie kann man sich doch verlassen, Frau Mock!«
> »Wann kommst du wieder, Gerda?« (mit flehender Stimme)

Schlüsselsätze

Ich lasse der Protagonistin Zeit, den Satz jeweils herauszufinden, so daß er von der Formulierung und vom Tonfall her genau stimmt.

Die Rollenträger bitte ich, sich diesen Satz wortwörtlich und im Tonfall genau zu merken. Zum Schluß überprüfe ich nochmals, ob jeder seinen Satz gespeichert hat.

Methodische Erläuterung:

Es ist hierbei nicht wichtig, ob die Schlüsselsätze tatsächlich wörtlich so gefallen sind, entscheidend ist, daß die Atmosphäre – das, was ihr Appellohr aufnimmt – durch diesen Satz repräsentiert wird. Der Satz soll »sitzen« und die Wahrheit der Beziehung widerspiegeln. So kann die Atmosphäre, die sie wahrnimmt, auch auf der Bühne von ihr empfunden werden und das Gefühl bei ihr aktiviert werden, das auch in der jeweiligen Beziehung aufkommt.

Da die Sätze Schlüsselsätze sind, ist es gut, sich Zeit zu lassen bei der Formulierung und möglicherweise auch noch die begleitende Gestik und Mimik herauszuarbeiten.

Die Rollenträger sind hier zunächst keine Rollenspieler, welche die Rolle improvisierend mit ihrer eigenen Person färben sollen, sondern Anweisungsstatisten, die genau das zu übermitteln haben, was die Protagonistin vorgibt.

Rollenträger als Anweisungsstatisten

Was schlagen Sie als nächstes vor?

✎

....

....

....

....

....

»Sozialer Chor« Ich inszeniere eine Art »sozialen Chor«, in dem die üblichen Bitten und Erwartungen verdichtet werden. Dazu bitte ich die Protagonistin, in die Mitte des Kreises zu treten.

Nacheinander sagt nun jeder Rollenträger seinen Satz. Ich gebe durch Blickkontakt den Takt an, so geht es reihum und nach der zweiten Runde immer schneller, schneller und schneller. Zum Schluß sprechen alle zugleich und reden auf die Protagonistin ein.

Dies ist laut, eindringlich und eindrucksvoll. Die Protagonistin ist sichtlich betroffen und hält sich zum Schluß die Ohren zu.

Nach etwa einer Minute breche ich ab.

Abb. 18: Sozialer Chor: »Alle wollen sie was von mir!«

Methodische Erläuterung:

Dies ist mit »Verdichtung« gemeint: Was im Leben verteilt ist und eingebettet in vielfältige Kontexte, kommt hier gleichzeitig und »in Reinkultur« zur Aufführung.

Was sagen Sie als nächstes, oder was schlagen Sie vor?

....

....

....

....

....

Ich trete in den Kreis und wende mich der Protagonistin zu: »Wie ist Ihre innere Reaktion darauf?«

Sichtlich bewegt gibt sie zu erkennen, daß es schrecklich sei. Aber genauso umzingelt von Anforderungen fühle sie sich häufig, und sie könne einfach nicht nein sagen.

Methodische Erläuterung:

Jetzt richtet sich der Blick der Protagonistin auf ihr inneres Erleben dieser Situation: Was richtet dieses Umgebensein von Druckpartnern in ihr an?

In diesem Fall bin ich zu ihr in den Kreis getreten, um die inneren Reaktionen zu erkunden. Denn dieses Zentrum ist der Ort, an dem die inneren Reaktionen entstehen. Diese deutlich zu spüren und auszusprechen ist heilsam.

Konzentration auf das innere Erleben

103

Sollten die Gefühle sehr heftig sein, wäre es eine gute Möglichkeit, mit ihr aus dem Kreis herauszutreten, um sich die Sache aus der Distanz anzuschauen (Dezentrierung).

Was schlagen Sie als nächstes vor?

....

....

....

....

....

Ich sage: »Gut, probieren wir das einmal aus. Ich möchte Ihnen vorschlagen, nacheinander mit jedem ›Druckpartner‹, mit jeder Stimme des sozialen Chors, in einen Dialog zu treten und dabei möglichst Ihre Interessen zu vertreten. Ich werde Sie dabei unterstützen.«

Methodische Erläuterung:

Während die Protagonistin im ersten Übungsteil (wie auch im Leben) passives Opfer ihrer Druckpartner war, wird sie im zweiten Teil mehr und mehr zur Urheberin des Geschehens.

Dies war *eine* Möglichkeit: das erwünschte Verhalten auszuprobieren (und zu sehen, welche Angst dabei auftritt).

Eine andere Möglichkeit wäre gewesen, vor der Einübung des neuen Verhaltens erst einmal die inneren Kräfte zu erforschen, die am alten Verhalten festhalten wollen (vgl. Abb. 3, S. 20). Zwar gibt es in ihrem »inneren Team« jemanden, der sagt: »Mir reicht's, mir wird alles zuviel!« – Anscheinend gibt es aber auch noch jemand anderen, der vielleicht sagt: »Ich brauche das, gebraucht zu werden!«

Immer wieder unterbricht die Protagonistin den Dialog und wendet sich an mich mit den Worten: »Hier würde ich jetzt nachgeben!« oder ähnlichem, insbesondere dann, wenn der Dialogpartner mit Sätzen kommt wie: »Sie können mich doch nicht im Stich lassen, Frau Mock!«

Ich selbst stehe neben der Protagonistin und unterstütze sie, auch mit bestimmten Formulierungen. Im Dialog mit den Eltern z.B. (»Wann kommst du wieder, Gerda?«) schlage ich der sprachlosen Protagonistin den Satz vor: »Ich möchte es mir noch freihalten, ich sage Euch dann rechtzeitig Bescheid.«

Am Schluß frage ich die Protagonistin: »Wie war jetzt diese Übung für Sie?«

Sie antwortet: »Ich hab' halt furchtbare Angst, daß die anderen dann böse sind und sich von mir abwenden; das muß es wohl sein.«

Nachdem sie von ihrer Angst gesprochen hat, die beim neuen Verhalten aufkommt:

Was sagen Sie als nächstes, oder was schlagen Sie vor?

....

....

....

....

....

Ich bitte die umstehenden Gruppenteilnehmer, diese Katastrophenphantasie einmal auszuführen: »Bitte drehen Sie sich um und wenden sich alle von ihr ab, und murmeln Sie Sätze wie: ›Na, dann eben nicht, sehr enttäuschend, mit der will ich nichts mehr zu tun haben‹ usw.«

Die Protagonistin steht mit mir weiterhin in der Mitte, sieht nur noch die Rücken und hört die ablehnenden Sätze. Sie lacht.

Katastrophenphantasie inszenieren

105

Methodische Erläuterung:

Das Prinzip lautet hier: Wenn jemand eine »Katastrophenphantasie« hat (hier: alle wenden sich von mir ab, wenn ich zu meiner Meinung stehe), kann es gut sein, das Befürchtete einmal wirklich und »live« zu erleben – freilich im sicheren und humorvollen Kontext der Trainingsgruppe. Der bedrohlichen Phantasie ist dann gleichsam die Spitze genommen.

Die Idee dahinter ist die, daß das, was man schon einmal (im sicheren Umfeld) erlebt hat, den Stachel verliert. Was man nur phantasiert und sich vorstellt, ist mitunter viel angsteinflößender als die Realität. Indem die Angst so kleiner werden kann, muß man nicht mehr so stark das Verhalten meiden, das – vermeintlich oder real – die befürchteten Folgen nach sich zieht. Indem man der Angst schon einmal begegnet und ihr entwachsen ist, kann das eigene Verhaltensrepertoire größer werden.

Dann stoppe ich das Szenario und bespreche mit der Protagonistin wieder ihre inneren Reaktionen.

Zum Schluß gebe ich ihr den Satz: »Ich gehöre mir selbst!« und schlage ihr vor, mit diesem Satz einmal herumzugehen und ihn an jeden Gruppenteilnehmer zu richten. Diese sollen dann darauf reagieren, jetzt aber nicht mehr aus der Rolle heraus, sondern wieder »in echt«.

Methodische Erläuterung:

Gift- und Heilungssätze

Der Schlußsatz: »Ich gehöre mir selbst!« ist ein Heilungssatz. Wenn man das Gefühl hat, in jemandem steckt ein Giftsatz, wie z.B.: »Ich muß für alle da sein, wenn ich gemocht werden will«, und wenn solch ein Satz entweder wörtlich aufgespürt worden ist oder aber auch implizit deutlich geworden ist, kann man einen Satz anbieten, der »Gegengift« enthält.

Mit diesem Satz kann dann experimentiert und gespielt werden, er kann verworfen oder aber auch angenommen werden. Wichtig ist es, das Gegengift nicht nur an sich heranzulassen, sondern den Satz auch auszuprobieren, ihn auf Realität und Brauchbarkeit zu testen.

Hinter dem Vorschlag an die Gruppenteilnehmer, ein »echtes« Feedback an die Protagonistin zu geben, steckte die Vermutung, daß sie so wesentlich mehr Unterstützung von der Gruppe bekommt, als wenn z.B. die »Mutter« aus ihrer Rolle heraus ein Feedback geben würde.

Wichtig ist auch, daß die Protagonistin, nachdem sie lange Zeit exponiert war, nun wieder realen Kontakt zu den Gruppenmitgliedern bekommt.

Jeder reagiert auf seine Art (und fast ausnahmslos ermutigend), und die Protagonistin kommt wieder in Kontakt mit der Gruppe.

Danach schließt sich ein Sharing, der allgemeine Erfahrungsaustausch in der Gruppe und eine Diskussion an.

Wer zu dieser Übung den theoretischen Hintergrund (der selbstlose und helfende Stil) vertiefen möchte, sei auf Schulz von Thun (1989), S. 76–114 verwiesen.

Fallbeispiel 6
Eine Arbeitsstörung

Ein Doktorand, der an seiner Dissertation arbeitet, formuliert sein Anliegen:

>»Wie kann ich meine Arbeitsstörungen überwinden?«

Hintergrund: Er habe viele Ideen im Kopf und komme trotzdem seit Monaten, ja fast seit einem Jahr schon nicht weiter. Wenn er sich an die Arbeit setzen wolle, denke er immer, er müßte doch noch dies und jenes lesen, gehe dann in die Bibliothek und mache dies und das und völlig andere Dinge. Er habe das Gefühl, er müsse endlich anfangen, aber irgend etwas hindere ihn immer wieder daran.

Was sagen Sie oder schlagen Sie vor?

....

....

....

....

....

Da ich bei diesem Teilnehmer den Eindruck hatte, daß er ein Einheimischer der Psychoszene ist und sehr viel damit beschäftigt, sein Inneres zu ergründen, schlug ich in diesem Falle vor:

»Wie wäre es, wenn du jetzt in dein Zimmer gehen und die nächsten zwei Stunden anfangen würdest zu schreiben. Danach kommst du zurück in die Gruppe, liest vor, und wir reden über das, was da steht, seien es nun mehrere Seiten oder nur ein einziger Satz.«

Nach zwei Stunden kam er zurück und brachte fünf geschriebene Seiten mit. Er sagte, es sei ihm gut damit gegangen, einfach mal etwas zu schreiben, ohne gleich einen perfekten Anspruch damit zu verbinden. Nun habe er doch mal einen »Anfang« gemacht. Damit sei er wohl noch nicht über den Berg, aber doch über den ersten Hügel.

Die Gruppe reagierte auf den Text, stellte Fragen und gab erste Eindrücke wieder.

Methodische Erläuterung:

Dies ist ein Beispiel für den »Ochs vor dem Berg«, für den der Berg einfach zu groß ist, um auch nur den ersten Schritt zu tun. Allein die Vorstellung von der Größe des Berges verstört und entmutigt so, daß man den ersten Schritt nicht mehr hinkriegt.

Abb. 19: *Eine Arbeitsstörung*

»Roßkur«: vermiedenes Feld betreten

Dieser Teilnehmer war spezialisiert auf die Erkundung seines inneren Selbst; er hatte die Kultur der Innenbeleuchtung schon sehr weit getrieben, und ich hatte den Eindruck, daß dies auch die unselige Funktion haben kann, das Handeln zu vermeiden. Der Satz »Es gibt nichts Gutes, außer man tut es« tauchte im Kontakt mit ihm in mir auf. Ich nahm an, daß der Vorschlag, für zwei Stunden in Klausur zu gehen, für ihn eine Roßkur sein würde, aber daß durch den strukturierten Rahmen, den ich ihm mitgab, irgend etwas entstehen würde, und sei es ein einziger Satz.

Mit diesem Vorschlag wird das übliche Muster durchbrochen. Hier ist dieses Muster ein Vermeidungsverhalten. Das »Gegengift« besteht darin, das vermiedene Verhalten zu wagen und sich zu konfrontieren mit der äußeren und inneren Realität, die dann entsteht (zum Arbeitsprinzip »Roßkur« siehe auch Fallbeispiel 13).

Gleichzeitig wird die Gruppe genutzt als ein Resonanzboden für seine Zeilen, die er zustande bringt und vorträgt: Wo »springt sie an«, wo bleibt sie unbeteiligt? Was sagt das über den Autor und sein »inneres Feuer«?

Bei massiven Arbeitsstörungen können verhaltenstherapeutische Vorgehensweisen hilfreich sein: Pläne machen, sich für den Anfang eine halbe Stunde Arbeit am Tag vornehmen, einen Wecker danebenstellen. Und egal, ob wir etwas zu Papier bringen oder nicht: Diese halbe Stunde ist für diese Arbeit reserviert.

Der Hintergrund der Methode ist, daß der Berg in kleine, bewältigbare Minihügel zerlegt wird. Und diese kleinen Hügel haben nicht die Kraft, einen zu hypnotisieren, wie es der große Berg hat. Oft sind die Dämme schon gebrochen, wenn man erst einmal angefangen hat.

Hinter dieser Übung steht ein allgemeines Prinzip für erlebnisaktivierende Methoden:

Immer wenn jemand sagt: »Es fällt mir schwer ...«, ist es ein naheliegender Gedanke, ihm anzubieten, es hier in der Gruppe, im Rahmen dieses sicheren Kontextes, zu üben und gemeinsam zu schauen, was innerlich und äußerlich passiert.

Möglich wäre sicherlich auch gewesen, die anderen Teilnehmer zu bitten, von Arbeitsstörungen zu berichten, die sie einmal erlebt haben, und wie sie damit umgegangen sind. Dadurch kommt ein wunderbares Gruppenklima in Gange, weil ein gemeinsames Leid – die Arbeitswiderstände – und die inneren Bezüge und Fäden jedes einzelnen Gruppenteilnehmers zu diesem gemeinsamen Thema die Gruppe zusammenwachsen läßt. Bei diesem Vorgehen würde das »Wir« in der Gruppe gestärkt und hervorgehoben.

Wäre der Zusammenhalt in der Gruppe noch schwach oder zerbrechlich gewesen, hätte ich ihn nicht in »Einzelhaft« geschickt; statt dessen wäre dann dieses gruppenzentrierte Vorgehen zu bevorzugen.

Protagonisten – oder gruppenzentriertes Vorgehen?

Während seiner Abwesenheit geht die Gruppenarbeit normal weiter. Daß der Protagonist hier etwas »verpaßt«, ist nur ein geringfügiger Nachteil gegenüber dem, was er statt dessen gewinnt.

111

Fallbeispiel 7
Kontakt auf tieferer Ebene

Ein Teilnehmer (Erwachsenenbildner) äußert in einer Gruppe von sechs Arbeitskollegen folgendes Anliegen:

> Gibt es eine Methode, daß man die Leute nicht nur an der Außenschicht erreicht – jeder hat ja so seinen Schutzpanzer um sich herum, wo er oberflächlich reagiert –, sondern näher dran an ihrem inneren Kern?«

Hintergrund: Der Teilnehmer erklärt, er sei ein sachlich-intellektueller Typ und erreiche seine Mitmenschen auf dieser Ebene auch sehr gut, aber die Kontakte würden nicht tiefer gehen. Er malt dazu folgende Zeichnung an die Tafel:

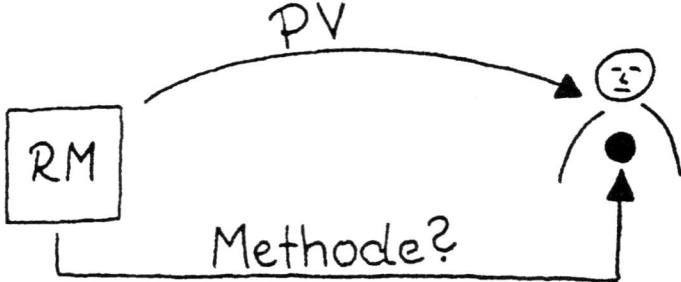

Abb. 20: Zeichnung des Protagonisten zur Verdeutlichung seines Anliegens

Anschließend erläutert er:»Ich bin Rudolf Maier (RM), mein Pauschalverhalten (PV) ist so, daß ich die Leute damit nur an der Außenschicht erreiche. Ich suche nach einer Methode, die Leute mehr an ihrem inneren Kern zu erreichen.«

112

Was sagen Sie, oder was schlagen Sie vor?

....

....

....

....

....

Ich sage: »Gut, wir haben hier ja Kollegen sitzen, die Sie gut kennen.«

Zu den Kollegen sage ich: »Ich möchte Sie einmal bitten, ein Beispiel zu erinnern, wo Sie von Herrn Maier sein ›PV‹ erlebt haben – und, falls es das gibt, ein weiteres Beispiel, wo das einmal anders war: wo Sie sich von ihm mehr im inneren Kern angesprochen gefühlt haben.«

Zum Protagonisten: »Sind Sie damit einverstanden?« – (»Ja.«)

Methodische Erläuterung:

An dieser Stelle bringe ich die Gruppe mit ins Spiel, denn die Kollegen kennen sich untereinander und kennen Herrn Maier. Durch die Gruppenaktivierung kommt man nicht in die Gefahr, eine »Einzeltherapie« mit dem Protagonisten zu machen. Das Thema wird noch nicht ins »Hier und Jetzt« gebracht, sondern es werden Beispiele aus der Erinnerung gesucht.

Gruppenaktivierung

Das leitende Prinzip ist, die Teilnehmer der Gruppe mit ihrer Fähigkeit zur Rückmeldung zu mobilisieren, da sie den Protagonisten schon länger kennen und wissen, wie es um ihn steht in bezug auf das Thema. Immer wenn ein Protagonist Schwierigkeiten hinsichtlich seines Kontaktverhaltens einbringt, ist es hilfreich, die Gruppe zu nutzen.

Gruppe als Quelle von Feedback

Dennoch hat der Vorschlag auch eine heikle Seite: Plötzlich wird die Ebene des Teams betreten – mit allen Chancen und Gefahren. Ich hätte den Vorschlag nicht gemacht, wenn ich die Beziehungen untereinander als gespannt erlebt hätte. Hier ist es daher besonders wichtig, ein ausdrückliches Einverständnis einzuholen.

Hätte der Protagonist nun gesagt (was durchaus vorkommt!): »Nein, das würde mir hier im Kollegenkreis zu persönlich werden!«, dann hätte ich:

❖ diesen Satz »im Hinterkopf gespeichert«, um vielleicht später darauf zurückzukommen;
❖ einen anderen Vorschlag gemacht, zum Beispiel: »O.K., dann hätte ich einen anderen Vorschlag: Dürfte ich Sie bitten, eine geeignete Situation hier nachzustellen, in der Sie Ihr ›PV‹ (Pauschalverhalten) einmal demonstrieren können? Zum Beispiel könnten wir anderen in die Rollen von Lehrgangsteilnehmern schlüpfen.«

Nachdem alle Teilnehmer Beispiele genannt haben, wird klar, daß Herr Maier mit seinem »Pauschalverhalten« wirklich überwiegend die Außenschicht erreicht; aber fast alle Teilnehmer konnten von einer Situation berichten, wo das einmal anders war.

Was sagen Sie, oder was schlagen Sie als nächstes vor?

....

....

....

....

Ich sage: »Nach dieser Runde stelle ich fest: Sie haben die ›Methode‹, nach der Sie suchen, in sich; allerdings wenden Sie sie selten an. Aber immerhin, jeder konnte sich auf solche Momente besinnen. Ich möchte vorschlagen, diese Methode jetzt noch etwas zu üben. Einverstanden?

Ich möchte Sie bitten, auf die soeben gehörten Rückmeldungen von den Kollegen zu reagieren – aber jetzt nicht mit ›PV‹, sondern persönlich in der Ich-Du-Sprache. Wenn Sie gestatten, überwache ich das ein bißchen und unterbreche Sie, sobald es in Richtung ›PV‹ geht.«

Nachdem der Protagonist einverstanden ist, setze ich mich neben ihn. Als er zum Beispiel davon spricht, »das Gesagte auf die Zeitachse einzuordnen«, unterbreche ich mit kurzem Kommentar: »›Zeitachse‹ ist ein Wort aus der Wissenschaftssprache, da geht es in Richtung ›PV‹ – versuchen Sie noch mal anders?«

Wenn es nicht gelingt, doppele ich.

Methodische Erläuterung:

Hier wird wieder der Vorschlag gemacht, ein neues Verhalten auszuprobieren. Das intendierte Verhalten des Protagonisten ist: »Ich möchte mehr aus meiner eigenen Tiefe sprechen und dadurch andere tiefer erreichen«.

Im Modell des »Nachrichtenquadrates« gesprochen, sollte neben seinem (gut ausgebildeten) »Sachschnabel« auch und vor allem der »Selbstkundgabe-« und der »Beziehungsschnabel« aktiv werden (s. Abb. 21).

Ich setze mich neben der Protagonisten, um ihm zu assistieren. Immer, wenn er mit dem Sachschnabel in sein (von ihm so genanntes) »Pauschalverhalten« verfällt, rege ich ihn dazu an, mit einer Ich-Du-Botschaft mehr die »Sprache des Herzens« anzustreben. Wenn es ihm nicht gelingt, dopple ich, d.h. ich betätige mich als Dolmetscher und übersetze die Sprache des sachlichen Schnabels in die Sprache der Selbstkundgabe und des Beziehungsaspekts. Danach frage ich, ob das von mir Gedoppelte zutrifft.

Die »vier Schnäbel« trainieren

Zum Doppeln siehe S. 74 und Thomann/Schulz von Thun 1989, S. 108 ff.

Abb. 21: *Vier Schnäbel (analog zu den »vier Ohren«) entsprechen den »vier Seiten einer Nachricht« (Schulz von Thun 1981).*

Zum Beispiel, wenn der Protagonist sagt:

»Durch Ihre Ausführungen wird bestätigt, was in meiner Selbstdiagnose festgestellt worden ist, insofern ist eine wie auch immer geartete Gegenreaktion von meiner Seite nicht gegeben«,

versuche ich zu doppeln:

»Was Sie gesagt haben, kränkt mich nicht – denn genauso, wie Sie mich beschrieben haben, empfinde ich mich ja selbst! – (Stimmt das?)«

Im Anschluß an diese Übung kommt der Protagonist ins Nachdenken über sich selbst. Da sei ein riesiger »Leistungs-Maier« in ihm drin, der großen Einfluß auf sein Kontaktverhalten nehme. Ferner sei da auch noch ein sehr kleiner und schüchterner »Gefühls-Maier«, der nun wachsen wolle.

Danach kam Resonanz aus der Gruppe.

Fallbeispiel 8
Der Abteilungsleiter, der genug hat

Acht Abteilungsleiter sitzen im Kreis, darunter einer, der am Vortag in der Gruppe an seinem Anliegen gearbeitet hatte und sehr bewegt gewesen war.

Am nächsten Tag sagt er in der Anfangsrunde (mit lauter Stimme):

> »Mir reicht es jetzt hier, diese ganze Art, jeden Nachmittag zusammenzukommen, das wird mir allmählich zuviel. Ich hab' die Nase irgendwie voll. Ich sag' das nur vorweg, damit Sie wissen, woran es liegt, wenn ich irgendwann mal aus der Haut fahren sollte!«

Was sagen Sie, oder was schlagen Sie vor?

....

....

....

....

....

Ich sage: »Ich möchte Sie zu einem Experiment einladen, wenn Sie damit einverstanden sind.«

Er: »Ja, was denn?«

»Wenn Sie einmal die Augen schließen, so daß Sie nur mit sich selbst Kontakt haben, und sich mal selbst fragen: ›Wenn es alles nur nach mir ginge, wie würde ich diesen Nachmittag heute verbringen?‹«

Der Mann schließt die Augen und sagt nach einer Weile: »Ja, dann wäre ich gar nicht hier, sondern unten im Restaurant, würde Kaffee und Kuchen und einen Cognac bestellen und in aller Ruhe meine Unterlagen ausbreiten, den Terminkalender dazu, und völlig unsystematisch dies und das anschauen und dann und wann eine Notiz machen – ohne großes Ziel dabei, so ganz vor mich hin.«

Methodische Erläuterung:

Umgang mit Störungen

Diese Übung ist kein Beispiel für eine Fallarbeit, sondern für den Umgang mit Störungen, die in der Gruppe auftreten können. Offenbar ist hier eine solche Störung aufgetaucht, und es ist gut, daß sie geäußert wurde.

Die Äußerung dieses Teilnehmers ist eine typische »Eisbergspitze«, sie ist erstens spitz und zweitens kalt, und drittens dürfen wir vermuten, daß da etwas im Untergrund ist, was wir noch nicht kennen. Vielleicht kennt er den Untergrund selbst nicht, vielleicht kann er ihn aber auch mitteilen.

Wenn Störungen in der Gruppe auftreten – Mißstimmungen bei einzelnen oder auch »dicke Luft« in der gesamten Gruppe –, so treten sie immer in den Vordergrund und verändern das Arbeitsklima. Es ist wichtig zu wissen, daß diese Störungen Einfluß haben, egal ob sie ausgesprochen werden – so wie hier – oder durch eine gedrückte oder gereizte Atmosphäre auf indirekte Weise das Arbeitsklima verschlechtern. »Störungen haben Vorrang« (Ruth Cohn, 1975) und lassen sich nicht ignorieren.

Deshalb ist es günstig, direkt auf sie einzugehen, den »Stier bei den Hörnern« zu packen und die Störung anzusprechen, um so auch wieder für Klarheit und eine fruchtbare Arbeitsatmosphäre zu sorgen.

Die Aufforderung, die Störung auszusprechen, hat etwas Gutes für den Teilnehmer, für mich als Leiter wie auch für die Gruppe:

❖ Für ihn ist es gut, daß das, was sich innerlich meldet und Raum einnimmt, auch äußeren Raum in der Gruppe haben darf.

❖ Für mich ist es wichtig zu wissen, was los ist: Wo liegt der »Hase im Pfeffer«? Wie können wir wieder arbeitsfähig werden?

❖ Und für die Gruppe ist es gut, an diesem Prozeß teilzunehmen, denn es stellt sich für jeden die Frage: »Wie bin ich im Augenblick gestimmt? – Und habe ich damit einen Raum in der Gruppe?« Er leistet etwas für die Gruppe, indem er diese Metakommunikation anbietet.

Wichtig ist hierbei, daß es dem Leiter gelingt, diese heftige Aussage mit dem »grünen Ohr« als Selbstkundgabe zu hören, statt mit dem »gelben Ohr« als Attacke.

Mit dem Selbstkundegabe-Ohr statt mit dem Beziehungs-Ohr hören

Hören mit dem Selbstkundgabe-Ohr: »Mir ist die Nähe zuviel geworden.«
Hören mit dem Beziehungs-Ohr: »Ist doch alles Mist was hier läuft!«

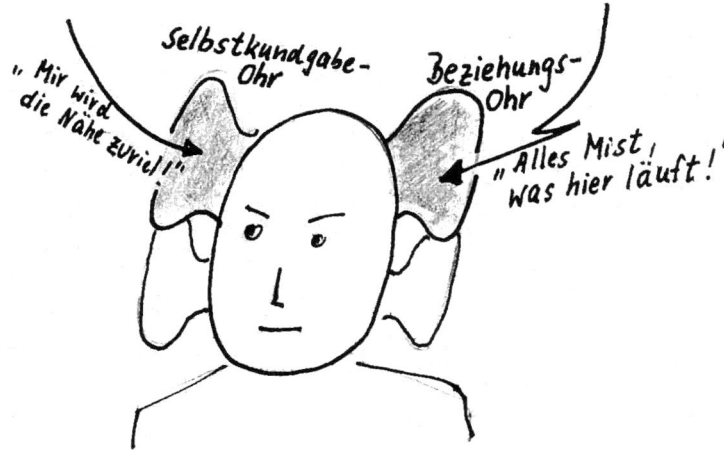

Abb. 22: *Als Leiter mit dem Selbstkundgabe-Ohr statt mit dem Beziehungs-ohr hören*

Die Abgrenzung wird nicht als entwertende Kritik am Leiterverhalten aufgefaßt, sondern als Selbstaussage der eigenen Befindlichkeit: »Mir ist die Nähe zuviel geworden, ich brauche Abstand und Zeit für mich, um mich wieder zu sammeln.« Durch die Fähigkeit des Leiters, vor allem den Selbstkundgabeanteil in einer Aussage zu hören, können wir dem Protagonisten ein Helfer sein, seinen Zustand zu erkunden, ihn zu akzeptieren und die richtige Konsequenz zu ziehen.

Was schlagen Sie vor, oder was sagen Sie?

✎

....

....

....

....

....

Ich frage: »Wie wäre das, wenn Sie genau das jetzt wirklich täten?«

Zuerst ist er verblüfft und fragt sich, was die anderen wohl dazu sagen und denken würden. Dann aber entschließt er sich zu gehen.

Ich sage ihm noch, er solle darauf achten, wie es ihm dabei geht.

Als er draußen ist, frage ich die anderen Teilnehmer nach ihrer Reaktion. Einige sagen: »Das würde ich mir nie erlauben; wenn ich eine solche Gruppe mache, bleibe ich auch dabei.« Andere meinen, das wäre ganz gut so, jeder solle seine Individualität haben.

Ich sage: »Manchmal lernt man fürs Leben mehr, wenn man mal die Schule schwänzt.«

Nach etwa zwei Stunden kommt der Teilnehmer zurück.

Das habe ihm jetzt gutgetan, nun wolle er aber wieder dabeisein und den Anschluß nicht verpassen.

Methodische Erläuterung:

Grundstrebungen der Persönlichkeit

Es ist leichter für einen Leiter, nicht nur mit dem »gelben« (Beziehungs-), sondern auch mit dem »grünen« (Selbstkundgabe-)Ohr zu hören, wenn man etwas über die Grundstrebungen der Persönlichkeit weiß.

Nach Riemann haben wir alle – in unterschiedlichem Ausmaß – vier verschiedene Impulse in uns: den nach Nähe und Austausch, einen Impuls zu Distanz, der die eigenen Grenzen bewahrt, den Impuls nach Struktur und Stetigkeit sowie den nach Wechsel und Veränderung (siehe Riemann 1984; Thomann/Schulz von Thun 1989, S. 146ff.).

Für Teilnehmer, die in ihrer Persönlichkeit den Distanzpol betonen, ist das tagelange Zusammensein in einer Gruppe, zumal mit gefühlsbeladenen Themen, ein »Näheschock«. Dieser Abteilungsleiter konnte dies zunächst eine Weile gut aushalten, aber jetzt war der Zeitpunkt gekommen, wo die Gegensehnsucht nach Distanz, Abgrenzung und Alleinsein übermächtig wurde.

Indem er sich eine »Auszeit« gönnt, kann er diesem Bedürfnis direkt nachgehen und muß sich nicht in der Gruppe durch distanziertes Verhalten schützen. Hier ist die richtige Konsequenz für den Teilnehmer, sich zu balancieren und nach dem Zuviel an Nähe eine Zeit für sich zu haben.

Typisch ist auch, daß er nach gewisser Zeit seine Kontaktfähigkeit wiedererlangt.

Das Beziehungsgesetz dahinter lautet:

»Die Annäherung des ›Distanzlers‹ vollzieht sich über eine Umwegschlaufe«.

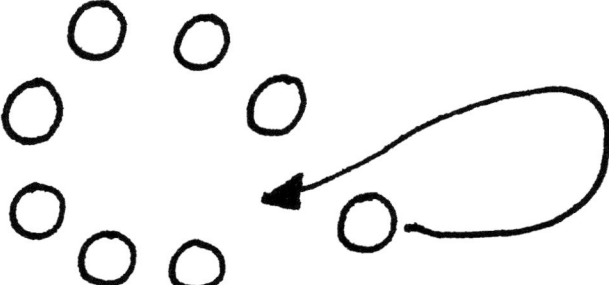

Abb. 23: Annäherung über eine Umwegschlaufe

Daraus ergibt sich: Wir können ihm diese Annäherung paradoxerweise dadurch erleichtern, daß wir ihm »eine roten Teppich nach hinten ausrollen«.

121

Das allgemeine Prinzip »Verbünde dich mit dem Widerstand!« wird hier konkretisiert. Es steht im Gegensatz zur »Methode Engelszungen« (wie ich es nenne); diese hätten etwa so klingen können:

»Aber Sie haben doch gestern sehr von der Arbeit profitiert, haben Sie doch selbst gesagt! Meinen Sie nicht, daß mit etwas Konzentration und gutem Willen auch heute der Nachmittag für Sie etwas bringen könnte? Sollten wir nicht fairerweise auch den anderen Gelegenheit geben, heute dranzukommen, und sie dieselbe Anteilnahme erfahren lassen …?«

Solche moralisierenden Sätze würden die seelische Realität außer acht lassen, die sich in der verdrossenen Einleitungsbemerkung kundgetan hat, würden ihn vielleicht zu einem höflichen »Wohlverhalten« veranlassen, aber innerlich weiter in die Blockade hineintreiben.

Fallbeispiel 9
Eine berufliche Lebensentscheidung

In einer Seminargruppe mit Führungskräften verschiedener Funktionen formuliert der Vertriebsleiter einer Bausparkasse folgendes Thema:

»**Ich habe ein Angebot erhalten: Wie entscheide ich mich?**«

Hintergrund: Der Vertriebsleiter erklärt, er sei Gebietsleiter der Region A. Im Zuge von Umstrukturierungsmaßnahmen sollen nun die Gebiete A, B und C zu einem Großgebiet ABC zusammengefaßt werden. Er habe das Angebot auf dem Tisch, »Großgebietsleiter« von ABC zu werden.

Einerseits sei er hoch erfreut, andererseits habe er aber auch Bedenken. Seine Kollegen, die Gebietsleiter von B und C, würden dann – so ist es vorgesehen – seine Mitarbeiter werden. Und überhaupt: Sei das Ganze nicht eine Nummer zu groß für ihn?

Von der Gruppe kommen dann noch einige Fragen zum beruflichen Kontext und seiner Geschichte.

Angenommen, Sie wollen die weitere Erkundung erlebnisaktivierend gestalten.

Was sagen Sie, oder was schlagen Sie vor?

....

....

....

....

....

Ich sage: »Angesichts dieser wichtigen Entscheidung, die Sie in der nächsten Wochen treffen müssen: Welche Stimmen melden sich in Ihnen zu Wort?«

Methodische Erläuterung:

Das »Innere Team«   Diese Frage erfolgt vor dem Hintergrund der Theorie des »Inneren Teams« (Schulz von Thun, 1998):

Bei wichtigen Entscheidungen und Herausforderungen – wie überhaupt bei allen wichtigen Lebensthemen – ergibt sich unsere Gesamteinstellung aus dem Ensemble mehrerer innerer Stimmen, die sich jeweils in dieser Situation zu Worte melden und nicht übergangen werden sollten.

In einem Bild ausgedrückt, können wir sagen: Die inneren Stimmenträger sind Mitarbeiter unseres inneren Teams! Hoffentlich lähmen sie sich nicht gegenseitig, sondern kommen synergetisch in einem gelungenen inneren Verständigungsprozeß zu einer Lösung, die besser und umfassender, die »weiser« ist als die Stimme jedes einzelnen Teammitglieds!

Mit diesem Vorgehen, das die inneren Stimmen zu dieser Lebensfrage aktiviert, ist gleichzeitig die Absicht verbunden, die inneren Ratgeber zu wecken und zu stärken – anstatt äußere Ratgeber zu früh auf den Plan zu rufen.

Ziel der nachfolgenden Erhebung ist es, die wichtigsten Stimmen zu identifizieren und jedem Stimmträger einen Text und einen Namen zuzuordnen.

Er: »Na ja, eine Stimme sagt schlicht: ›Hurra, du hast es geschafft! – Das ist doch eine Auszeichnung, ein Zugewinn an Macht und Bedeutung und auch an Geld, und ich darf mir das als persönlichen Erfolg anrechnen.‹«

Ich: »O.K., wie heißt der in Ihnen, der so spricht? Können Sie dem mal einen Namen geben?«

Er: »Ja, das ist der, der schon immer die Nummer 1 sein wollte.!«

Ich: »Gut, nennen wir ihn mal kurz ›Nummer 1‹! – Gibt es weitere Stimmen?«

Er: »Da ist sofort auch eine andere Stimme: ›Du hast mit 39 Jahren bereits einen Herzinfarkt hinter dir, brauchst Betablocker für deine Rhythmusstörungen – paß auf dich auf, sonst bist du schnell unter der Erde!‹ «

Ich: »Der ›Gesundheitsbesorgte‹?«

Er: »Ja! Und damit zusammenhängend oder auch nicht zusammenhängend, eine weitere Stimme, die in Richtung Familie geht: ›Du hast Frau und Kinder, und die wollen auch etwas von dir, und ich will auch etwas von ihnen – und die sind ohnehin schon ziemlich kurz gekommen in letzter Zeit!‹ – Wie der heißt? Das ist der ›Familienmensch‹ in mir!«

Und weiter: »Und dann gibt es noch eine Stimme, die sagt: ›Paß auf, die Sache ist nicht ganz ohne! Meine beiden jetzigen Kollegen sollen dann Mitarbeiter von mir werden – ob das gutgeht? Die werden ja auch erst einmal verkraften müssen, daß sie es nicht geworden sind!‹ – Das ist vielleicht der ›vorsichtige Stratege‹ in mir.«

Ich gehe ans Flipchart und zeichne die vier Stimmen ein und rückversichere mich, daß die vier wichtigsten Stimmen »namhaft« geworden sind.

Nachdem sein inneres Team am Flipchart visuell festgehalten ist (s. Abb. 24):

Was schlagen Sie vor, wenn Sie nicht protagonistenzentriert,
sondern gruppenaktivierend weiterarbeiten wollen?

....

....

....

....

....

Abb. 24: *Visuelle Darstellung des »inneren Teams«, das sich zu dieser Entscheidung meldet*

Gruppenaktivierendes Vorgehen zum »inneren Team«

Ich (an die Gruppe): »Wer von Ihnen spürt eine besondere Seelenverwandtschaft zu einem dieser vier Mitglieder? Ich möchte vorschlagen, daß Sie im folgenden diese Rolle übernehmen!«

Methodische Erläuterung:

Da die inneren Stimmen (= inneren Ratgeber) offensichtlich nicht einer Meinung sind, muß die Sache »ausdiskutiert« werden. Das innere Gespräch des Protagonisten soll im folgenden Schritt veräußerlicht werden.

Dies kann nun entweder der Protagonist selbst tun, indem er sich nacheinander auf vier verschiedene Stühle setzt und sich dort mit jeweils einer Stimme ganz identifiziert. Der Vorteil ist dabei: Er würde seine inneren Stimmen sehr deutlich spüren und kennenlernen (der Leiter kann bei Bedarf doppeln). Der Nachteil ist, daß die Interaktion zwischen den vieren umständlich und unübersichtlich wäre, da der Protagonist dauernd die Stühle wechseln müßte. Zudem wäre die Gruppe nicht aktiv beteiligt.

Das hier vorgeschlagene Vorgehen kombiniert die Vorteile beider Alternativen, indem der Protagonist selbst noch einmal die wesentlichen Schlüsselsätze jeder Stimme an den Rollenspieler vermittelt und sodann die Interaktion der inneren Stimmen im Gruppenspiel deutlich werden kann.

Es melden sich vier Mitspieler aus der Gruppe.

Ich sage: »Sie vier bitte ich, in den Innenkreis zu kommen, mit der Idee, daß Sie – jeder so ehrlich wie möglich – einmal die innere Diskussion von Herrn X miteinander laut führen.«

Zum Protagonisten: »Zunächst aber möchte ich Sie bitten, noch einmal jedem der vier ein paar Schlüsselsätze mit auf den Weg zu geben, so daß die Mitspieler in ihrer Rolle heimisch werden können.«

Nachdem dies geschehen ist, stelle ich mich mit dem Protagonisten etwas abseits, und wir beobachten aus der Distanz die folgende Gruppendiskussion im Innenkreis. Ihm wird somit seine innere Diskussion auf der Bühne aufgeführt.

Abb. 25: Die Diskussion im »inneren Team«, gespielt von Gruppenteilnehmern

Sodann legen die vier los, und jeder kämpft für sein Anliegen, geht aber ebenso auf die anderen ein. Auch die Bündnisse zwischen den einzelnen Teammitglieder werden deutlich. Zum Teil geht es hoch her. So sagt der »Familienmensch« zu »Nummer 1«: »Hast du es denn immer noch nötig, deinem Papa zu beweisen, daß du den Längsten hast!?«

Der Protagonist ist sichtlich beteiligt und bewegt und flüstert mir zu: »Genauso ist es, genauso läuft es!«

Irgendwann breche ich die Diskussion ab.

Was schlagen Sie als nächstes vor?

✎

....

....

....

....

....

Ich frage: »Gibt es irgendeine Stimme, die Sie in sich auch noch kennen, die aber in diesem Quartett gefehlt hat?«

Methodische Erläuterung:

Zuweilen spüren die Protagonisten erst während der Aufführung, daß auf der Bühne noch ein wichtiges Mitglied ihres inneren Teams fehlt oder Aussagen, Konstellationen und Bündnisse von Teammitgliedern nicht wahrheitsgemäß dargestellt sind. Meine Frage ist eine erneute Rückversicherung, ob die innere Situation adäquat wiedergegeben wurde.

Hätte der Protagonist Änderungen vornehmen wollen, so hätte ich z.B. den Protagonisten selbst gebeten, diese noch fehlende Stimme nachzutragen und sich in das Ganze noch ein wenig einzumischen.

Er sagt: »Nein, ich glaube, das war's, genauso läuft es!«

Er berichtet, was in ihm während des Rollenspiels vor sich gegangen ist.

Danach nimmt die Fallarbeit ihren Verlauf. Dabei ist meine innere Reihenfolge für das weitere Vorgehen die folgende:

1. Die Erkundung innerer Reaktionen des Protagonisten, mit der Möglichkeit, daß sich der Prozeß an irgendeiner Stelle vertieft;

2. die Befragung der Innenkreisspieler, wie es Ihnen ergangen ist, wie sich die innere Diskussion für jeden einzelnen angefühlt hat;

3. die Integration des – bisher passiven – Außenkreises mit der Bitte um Feedback und Stellungnahmen;

4. eine allgemeine Diskussion, jetzt sind auch Ratschläge erlaubt!;

5. die Zwischenbilanz des Protagonisten, der sich jetzt keinesfalls auf eine Entscheidung festlegen, sondern das Ganze erstmal »sacken« lassen soll;

6. gegebenenfalls eine theoretische Betrachtung zum »inneren Team« (Phase 4, vgl. S. 43).

Fallbeispiel 10
Gruppenleiter in Not

Herr Moser ist vor einiger Zeit Gruppenleiter geworden und hat drei bis vier Mitarbeiter unter sich. Sein Anliegen lautet:

»Wie kann ich mir in meiner Position mehr Freiraum schaffen?«

Hintergrund: »Eine meiner Mitarbeiterinnen macht mir Sorgen, sie ist mit dem Assistenten vom Abteilungsleiter befreundet. Dieser Assistent ist hierarchisch etwa auf meiner Ebene, aber das ist nicht so genau geregelt. Ich war schon deswegen beim Abteilungsleiter und beim Hauptabteilungleiter, aber ihr Verhalten hat sich nicht verändert: Sie spielt sich auf, geht in der Arbeitszeit zum Friseur, kommt unpünktlich und nimmt sich Dinge heraus, die sich andere nie herausnehmen würden. Mit ihr reden nützt nichts. Ich habe aber schon mal mit meinem Kollegen gesprochen, der an den Abteilungsleiter auch so schlecht herankommt.«

Angenommen, Ihnen geht es so, wie es mir ergangen ist: Ihnen schwirrt der Kopf angesichts all der vielen Leute, die in dem Bericht vorkommen.

Was sagen Sie, oder was schlagen Sie vor?

....

....

....

....

....

Ich sage: »Könnten Sie diese Situation mit all den beteiligten Personen einmal aufmalen?«

Es entsteht folgende Zeichnung:

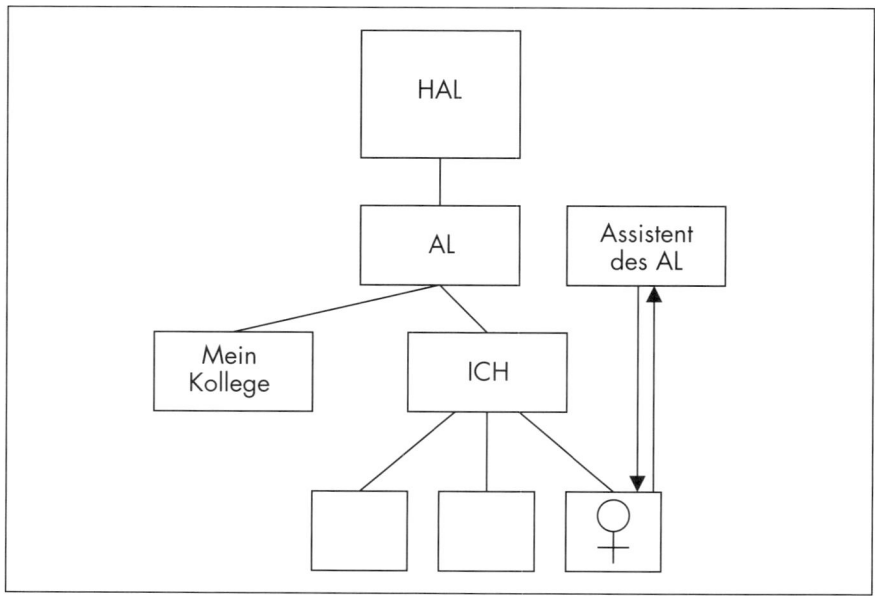

Abb. 26: *Organigramm mit den beteiligten Personen, (H)AL = (Haupt-)Abteilungs-*
          leiter

Methodische Erläuterung:

Unterstützende
Visualisierung

Die Notwendigkeit eines Schaubildes tritt sehr häufig auf, wenn es um institutionelle Vorgänge geht. Dem Protagonisten sind die Zusammenhänge deutlich, denn er kennt die ganze Struktur in- und auswendig. Aber mir als Leiter und vielleicht auch den anderen Teilnehmern ist die strukturelle Ausgangssituation nicht vor Augen, und wir brauchen eine unterstützende Visualisierung, hier z.B. in Form eines Organigramms, um ihm folgen zu können und das Zu- und Miteinander der beteiligten Personen nachvollziehen zu können.

Hat ein Teilnehmer große Scheu, ans Flipchart zu gehen und es dort aufzuzeichnen, gehe ich hin und sage: »Ich male jetzt mal auf, was ich bisher verstanden habe.« Ich fange an, erhalte eventuell Korrekturen und weitere Hinweise, und das Bild entsteht so im dialogischen Wechselspiel mit dem Protagonisten.

Nachdem Herr Moser die beteiligten Personen und die Situation aufgemalt hat, fährt er fort:

»Mein Gespräch mit dem Abteilungsleiter hat nichts gefruchtet. Er unternimmt nichts, weil er von seinem Assistenten quasi abhängig ist. Der ist nämlich seine ›rechte Hand‹ und hat den Überblick. Darum bin ich zum Hauptabteilungsleiter gegangen und habe ihm mein Problem vorgetragen. Dieser hat das zunächst zur Kenntnis genommen, ohne mir irgendwelche festen Zusagen zu machen. – Das ist jetzt der Stand der Dinge.«

Was sagen Sie, oder was schlagen Sie vor?

....

....

....

....

....

Ich sage: »Ich möchte vorschlagen, die in diesem Problemfall vorkommenden Personen einmal mit den hier Anwesenden zu besetzen. Wer möchte den Hauptabteilungsleiter übernehmen?« (Usw., bis alle Rollen besetzt sind – der Protagonist bleibt er selbst.)

Danach zum Protagonisten: »Würden Sie jetzt bitte alle Personen so im Raum aufbauen, daß sich im Abstand die Nähe bzw. die Distanz der Beziehungen in etwa widerspiegelt?«

Es entsteht folgendes Standbild:

Abb. 27: Standbild zur Beziehungskonstellation der beteiligten Personen

---

Methodische Erläuterung:

Standbild   Die Mitspieler werden hier als Rollenträger in ihrem systemischen Zu-
einander in den Raum »gestellt«, und wir haben nun wirklich ein
Standbild der Arbeitssituation lebendig vor Augen und im Raum.

Diese Methode ist besonders geeignet bei Fragestellungen, bei denen
mehrere Personen beteiligt oder sogar miteinander verwickelt sind.

Ich bitte die Mitspieler, sich in die Person hineinzuversetzen, die sie verkörpern, und gebe ihnen Gelegenheit, dafür noch Fragen an den Protagonisten zu stellen. Nun ist jeder in der Lage, die Angelegenheit aus »seiner« Perspektive anzuschauen.

Was schlagen Sie als nächstes vor?

....

....

....

....

....

Ich sage zu den instruierten Mitspielern: »Nachdem Ihnen nun der Fall soweit bekannt ist und Sie in die Haut der betroffenen Personen geschlüpft sind, möchte ich Sie bitten, einmal laut zu denken, was Sie von der Sache halten. Sie können alles unverblümt aussprechen, es hört keiner mit. Beginnen wir mit dem Hauptabteilungsleiter!«

Methodische Erläuterung:

Die Intervention zielt nicht auf ein Rollenspiel, in dem die Rollenträger miteinander in Interaktion zu treten, sondern jeder soll nacheinander aussprechen, was in ihm vorgeht. Gerade das, was man nie sagen würde, ist hier von Bedeutung. Die »Wahrheit der Situation« soll genauer und umfassender erkundet werden.

Wahrheit der Situation

Nacheinander sprechen alle aus, was sie denken (vom Leiter durch Fragen und Satzanfänge unterstützt) – etwa mit folgendem Tenor:

Hauptabteilungsleiter: »Warum können die da unten das bloß nicht unter sich regeln?«

Assistent: »Er hat mich beim Abteilungsleiter angeschwärzt – wenn er Krieg haben will: Den kann er haben!«

Insgesamt kommt heraus, daß die Lage von den Anwesenden als durchaus brisant und heikel für den Protagonisten eingeschätzt wird: »Mein lieber Mann, die Situation, in der du dich befindest und in die du dich selber hineingeritten hast, ist nicht ganz ohne!«

Was schlagen Sie vor, nachdem jeder Mitspieler dran gewesen ist?

....

....

....

....

....

Ich wende mich an den Protagonisten: »Wie reagieren Sie auf das Gehörte?«

Methodische Erläuterung:

Offene oder geschlossene Fragen des Leiters?

Hier muß der Protagonist aufgefordert werden, seine Gedanken und Gefühle mitzuteilen. Die Frage hat hier einen offenen Charakter und läßt ihm die Möglichkeit, alles auszusprechen, was in ihm vorgeht.

Ungünstig wären hier – wie fast immer – alle »konstruktiv-lenkenden« Fragen gewesen, wie z.B.: »Wie könnten Sie jetzt am besten aus der verfahrenen Lage herauskommen?« – oder: »Was hat Sie am meisten geärgert?« – oder: »Welcher der geäußerten Standpunkte war Ihnen am sympathischsten?« Solche fokussierenden Fragen, wie wir sie auch von Moderatoren im Fernsehen kennen, sind für den Verarbeitungsprozeß des Protagonisten meistens nachteilig.

Wenn der Protagonist ein Geschehen auf sich wirken läßt, konstelliert sich in ihm eine innere Reaktion (die wir nicht kennen) – vielleicht »gemischte Gefühle«, vielleicht ein »Aha-Erlebnis«, vielleicht eine Erinnerung an ein früheres Erlebnis.

Abb. 28: Wenn der Leiter offene Fragen stellt, kann der Protagonist äußern, was er auf dem Herzen hat.

Wenn der Moderator dann seine – gutgemeinte – Frage stellt, gerät der Protagonist in einen inneren Konflikt: Einerseits möchte er das, was er auf dem Herzen hat, äußern, andererseits die vom Moderator (von außen) gestellte Frage beantworten.

Abb. 29: Wenn der Leiter lenkende Fragen stellt, entsteht im Protagonisten ein Antwortkonflikt.

Derart interviewt, reagieren gewiefte Fernsehprofis prompt: »Bevor ich auf Ihre Frage zurückkomme, lassen Sie mich zunächst ganz kurz …«

Zurück zum Fallbeispiel, die Frage wurde offen gestellt: »Wie reagieren Sie auf das Gehörte?«

Er: »Mir wird ganz ungemütlich! Wenn die wirklich so denken, wie das hier herausgekommen ist, dann kann es für mich schwierig werden.«
(Er malt aus, was auf ihn zukommen kann.)

Was sagen oder schlagen Sie als nächstes vor?

....

....

....

....

....

Ich beschließe, den Protagonisten selbst bestimmen zu lassen, wie es weitergehen soll: »Wenn Sie mal das Bisherige in Beziehung setzen zu Ihrem ursprünglichen Anliegen: Wie weit sind Sie jetzt und was bräuchten Sie jetzt noch?«

Methodische Erläuterung:

Die Situationsdiagnose ist abgeschlossen. Jetzt müssen wir das ursprüngliche Anliegen wieder in den Blick bekommen: »Wie kann ich mir in meiner Position mehr Freiraum verschaffen?«

Da der Protagonist der Auftraggeber des Geschehens ist, sollten die Weichen an dieser Stelle zusammen mit ihm gestellt werden. Ich gebe hier keine weiteren Anweisungen, sondern bespreche das weitere Vorgehen, da nur er entscheiden kann, wie weit er jetzt ist und was noch fehlt.

Rücksprache mit dem Protagonisten

Es ist ein prinzipiell günstiges Vorgehen, nach Beendigung oder Abrundung eines Abschnittes mit dem Protagonisten Rücksprache zu nehmen. Dies ist besonders dann wichtig, wenn keine Lösung in Sicht ist.

Oft frage ich: »Liegt das, was wir bisher gemacht haben, im Zentrum dessen, was Sie bewegt und was Sie vorhaben? Oder sind wir noch weit entfernt davon?« Entweder er sagt: »Wir sind genau im Zentrum«, oder die Antwort lautet: »Wir sind noch nicht so ganz am Kern dran.« Dann kann ich ihn fragen, wo für ihn der Kern liegt und was er braucht, um zum Kern seines Anliegens vorzudringen.

Er: »Tja, die Frage ist natürlich jetzt: Was soll ich tun?«

Ich: »O.k. – welche Alternativen sehen Sie?«

Methodische Erläuterung:

Für den Protagonisten stellt sich die Frage, wie er nun mit dieser schwierigen Situation umgehen kann; und für mich ist diese Frage nachvollziehbar. Die Bitte um einen Rat ist eine Standardsituation in Seminaren: Der Protagonist bekundet seine eigene Ratlosigkeit und bittet um Anregungen und Ratschläge.

Bitte um Rat

Für den Leiter gibt es hier mehrere Möglichkeiten zu reagieren:

❖ Der Leiter nutzt das Potential der Gruppe (besonders wenn er »Expertenwissen« zu dieser Frage vermuten kann) und fordert die Teilnehmer auf, jeweils einen Ratschlag zu nennen und auch zu begründen. Auch hier ist wieder der Hintergedanke, daß der Protagonist Spreu von Weizen trennen muß.

❖ Wenn der Leiter in sich eine deutliche Antwort spürt, ein »inneres Sendungsbewußtsein«, sollte er sich nicht scheuen, seine These auszusprechen und eventuell einen kurzen Vortrag am Flipchart zu halten und diese zur Diskussion zu stellen.

❖ Eine andere Möglichkeit ist, die »inneren Ratgeber« des Protagonisten zu aktivieren. Zum einen ist er der Experte der Situation, seiner inneren wie auch der äußeren Arbeitssituation, zum anderen ist die Fähigkeit, die eigenen inneren Ratgeber zu mobilisieren, auch im Alltagsleben von Bedeutung und kann hier geübt werden.

Hilfe zur Selbsthilfe

Hilfe zur Selbsthilfe heißt immer auch, die innere Ratgeberkraft, den inneren Kommunikationsberater so zu füttern und zu trainieren, daß er gestärkt aus der Fallarbeit hervorgeht, über dieses Beispiel hinaus an Beweglichkeit und Souveränität gewinnt.

Ich kann den Protagonisten fragen (wie hier): »Welche Alternativen sehen Sie?« Dies gibt die Frage und auch den Expertenstatus an ihn zurück.

Oder aber: »Welche inneren Stimmen melden sich in Ihnen zu dieser Frage? Wenn sie Ihr inneres Lösungskomitee um einen runden Tisch versammeln, wer sitzt da und wer sagt was?« (Vgl. Übungsbeispiel 9)

Er: »Also entweder Aussteigen aus der Abteilung oder weiterkämpfen oder klein beigeben.«

Was sagen Sie oder schlagen Sie als nächstes vor?

....

....

....

....

....

Ich sage: »Gut, das sind drei Alternativen: flüchten, kämpfen, klein beigeben.«

An die Gruppenmitglieder: »Gibt es jemanden, der ›flüchten‹ für richtig hält? Jemanden, der ›kämpfen‹ empfehlen würde? Und jemanden, der für ›klein begeben‹ plädiert?« Es melden sich drei Leute.

Ich möchte Sie drei nacheinander bitten, ein Plädoyer für die von Ihnen bevorzugte Lösung zu halten – und Sie (zum Protagonisten) hören nur zu und finden heraus, welches Plädoyer Sie am meisten überzeugt.«

Methodische Erläuterung:

Meine leitende Idee hierbei war, die Aktivierung der Gruppe einzuleiten. Die Gruppe hat bisher nur aus einer Rolle heraus mitgewirkt und soll nun ihre persönlichen Gedanken und Ideen vortragen. Ich greife die Struktur, die der Protagonist vorgibt, auf und leite sie an die Gruppe weiter. – Gut wäre gewesen, nach einer vierten Möglichkeit zu fragen.

Ich baue einen freien Stuhl auf, in Front zur Gruppe, die hufeisenförmig drum herum sitzt. Der jeweilige »Anwalt« tritt hinter diesen Stuhl und hält eine freie Rede (je zwei bis vier Minuten) – analog zum Vorgehen in Fallbeispiel 4.

Anschließend folgt eine freie Gruppendiskussion.

Fallbeispiel 11
Umgang mit Gefühlen in der ärztlichen Praxis

In einer Gruppe von neun Ärzten und Ärztinnen äußert einer die Frage*:

»**Wie geht man in der ärztlichen Praxis mit seinen Gefühlen um?**«

Angenommen, Sie sind entschieden, keine Selbsterfahrungsarbeit mit dem Protagonisten durchzuführen:

Wie können Sie gruppenzentriert mit dem Thema arbeiten?

....

....

....

....

....

Der Leiter wendet sich an alle und sagt: »Ich möchte vorschlagen, etwas Erfahrungsmaterial zu dieser Frage zu sammeln und anschließend auszuwerten. Bitte erinnern Sie sich an eine Situation aus Ihrer ärztlichen Praxis, in der ein deutliches Gefühl in Ihnen aufgekommen ist, z.B. Betroffenheit, Ärger, Mißbilligung, Rührung, Trauer – oder auch ›gemischte Gefühle‹! – Die Situation mag gerade erst ›frisch‹ sein, kann aber auch schon länger zurückliegen. Hauptsache, Sie können sich noch gut erinnern.«

---

* Dieses Beispiel ist von Christoph Thomann übernommen; methodische Erläuterungen vom Verfasser.

Während die Ärzte sich besinnen, bereitet der Leiter folgendes Schema vor, um Stichworte einzutragen.

Situation/ Patient	Mein Gefühl	Meine Reaktion	Zufrieden/ Unzufrieden

Abb. 30: Vorbereitetes Schema, um die Stichworte zu strukturieren

»Hat jeder eine Situation? Dann möchte ich Sie bitten, reihum die Umstände zu schildern, und zwar nach diesem Schema (s.o.):

Wie war die Situation, was für ein Gefühl hatten Sie, wie sind Sie damit umgegangen, und wie zufrieden oder unzufrieden waren Sie mit der Wirkung?«

Methodische Erläuterung:

Gruppenzentriertes Vorgehen mit strukturierendem Schema

Diese Übung ist in ihrem Vorgehen anders als das, was wir bisher kennengelernt haben. Das Vorgehen hier ist von vornherein gruppenzentriert. Im Mittelpunkt steht nicht ein Protagonist, sondern die Frage wird an die ganze Gruppe weitergegeben, mit der Aufforderung, sich an eine Situation zu erinnern und diese auch zu konkretisieren.

Die Gruppe bekommt ein Strukturierungsschema an die Hand, an dem sie sich orientieren kann. Es bietet die Möglichkeit, die Vielfältigkeit der erinnerten Erlebnisse so zu gliedern, daß etwas Gemeinsames sichtbar werden kann, auch wenn die Situationen sehr unterschiedlich waren.

Alle Schilderungen werden unter dem Aspekt des Gefühls in der Situation, der Reaktion und der Auswirkung ausgewertet. Die Übung bietet eine Mischung aus Spontaneität und Struktur; das Kunterbunte der Erinnerungen wird durch die Transparenz der Struktur ausbalanciert. Der Leiter kommt hier in die Rolle des Moderators, der nachfragt, mitschreibt und die Gesamtauswertung gestaltet.

Dieses Vorgehen kann auch als induktiv bezeichnet werden: Wir gehen von den empirischen Erfahrungen aus und gelangen darüber zu übergeordneten Einsichten in bezug auf Umgang mit Gefühlen; der Umgang mit Gefühlen wird in der Gruppe erforscht.

Die Schilderungen sind interessant, teilweise ergreifend.

Eine Schlußauswertung ergibt:

Zufrieden mit ihren Reaktionen waren auffälligerweise die Ärzte und Ärztinnen, die ihr Gefühl an Ort und Stelle »losgeworden« sind. Im Anschluß an diese Erlebnisaktivierung können Sie theoretische Kommentare zum Umgang mit Gefühlen geben, z.B.:

Theoretischer Kommentar als Abschluß

»Dieses Ergebnis unserer Gruppenforschung befindet sich in Übereinstimmung mit theoretischen Erkenntnissen: Es ist wichtig, den eigenen Impulsen nachzugehen und zu wissen, was innerlich passiert.

Allerdings ist es in der jeweiligen Situation nicht immer möglich, die Gefühle auch zu äußern, weil in diesem von hoher Verantwortung gekennzeichneten Rollenkontext die Wirkungen einer ärztlichen Gefühlsäußerung sorgsam abgeschätzt werden müssen.

Wo immer es aber möglich (oder für die Patientin/den Patienten hilfreich) ist, etwas von seinen Gefühlen zu äußern, sollte man dies tun. Gefühle, die man nicht an Ort und Stelle äußern kann, verbleiben als ›unerledigte Geschäfte‹* im Seelenkontor und warten darauf, in der Supervision oder im kollegialen Nachgespräch befreit und bearbeitet zu werden.

Andernfalls ›verklumpen‹ sie und liegen als seelische Wackersteine im ›Bauch‹, und binden dort viel Energie.«

Abb. 31: Theoretische Erläuterungen können Übungen abrunden

---

*   »Unerledigte Geschäfte« ist ein Begriff aus der Gestalttherapie. Fritz Perls meinte dabei »Gestalten«, Erinnerungen und Gefühle, die uns noch lange – und nicht immer bewußt – beschäftigen und unsere Energie binden, indem momentane Gefühle und Gedanken davon gefärbt und beeinträchtigt werden.

Fallbeispiel 12
Schwerverständlich

In einer Seminargruppe von Gruppen- und Abteilungsleitern lautet ein Anliegen:

>»Wie kann ich mich verständlicher mitteilen?«

Hintergrund: Das ursprüngliche Anliegen, das Herr R. am ersten Tag äußerte, lautete »Schwierigkeiten mit meinem Chef«. Während der Gruppenarbeit aber stellte sich heraus, daß immer, wenn Herr R. etwas in die Gruppe einbrachte, Kommentare machte oder Ratschläge gab, kein Mensch ihn so recht verstand.

Daraus entstand während der Arbeit ein neues Anliegen, das eigentlich nicht von ihm selber kam, sondern in den vorangegangenen Tagen vom Seminarleiter an Herrn R. herangetragen worden war, da er sich offensichtlich sehr kompliziert und schwerverständlich ausdrückte.

Sein ebenfalls anwesender Kollege hatte dazu gelacht und berichtet: »In der Abteilung verstehen wir bei Herrn R. auch immer nur Bahnhof!« Herr R. hatte darauf unwirsch reagiert und auf seinem ersten Anliegen, seine Arbeitssituation betreffend, bestanden. Diese Anliegen – »Schwierigkeiten mit meinem Chef« und »Schwerverständlichkeit« – standen nun beide im Raume. Als er heute »dran« ist, sind alle gespannt, welches er wählen würde. Er entscheidet sich nun doch für das Thema »Schwerverständlichkeit«, welches offensichtlich das brisantere ist, und fügt hinzu: »Aber ich habe keine Ahnung, wie man da vorgehen kann.«

Methodische Erläuterung:

Den letzten Satz äußern potentielle Protagonisten häufig. Manchmal haben sie aus diesem Grunde Zweifel, ob ihr Thema überhaupt angebracht ist. In dem Fall ist es wichtig, daß der Leiter deutlich macht: »Sie sind nur für das Thema zuständig – die methodische Bearbeitungsform ist mein Job!«

Was schlagen Sie vor, um in das Thema erlebnisaktivierend hineinzukommen?

....

....

....

....

....

Ich: »Damit wir mal ein Beispiel haben, möchte ich Ihnen vorschlagen, daß Sie uns von Ihrem zweiten Thema berichten, wo es irgendwie um Ihre Arbeitssituation und um Ihren Chef geht!«

Methodische Erläuterung:

Mit diesem Vorschlag wird erreicht, daß sein »abgewähltes« Thema nun doch ein wenig zum Zuge kommt – freilich nur, um als Beispiel für sein Sprachverhalten zu dienen. Die Annahme ist hier, daß seine schwerverständliche Ausdrucksweise – um die es geht – sichtbar werden wird.

Er: »Ja, und zwar liegt das Problem einerseits auf der Lobes-, Anerkennungs- und Akzeptanzebene, aber andererseits komplementär, sozusagen in Rückkoppelung dazu auf einer sachlichen Ebene – die Komponente ist irgendwie pseudokausal angelegt in letzter Konsequenz, also eine Verschränkung von Prioritäts- und Anerkennungsreihenfolge. Dieses Reihenfolgeproblem ...«

Ich denke: »Da haben wir es wieder!« und stoppe den Protagonisten.

Was sagen Sie, oder was schlagen Sie vor?

....

....

....

....

....

Ich: »Dieser Anfang war jetzt bereits schwer verständlich (die anderen Teilnehmer bestätigen). Ich schlage vor: Sie sind zehn Jahre alt und Ihre Zuhörer auch. Schildern Sie noch mal dasselbe, aber als Zehnjähriger, und zwar als Problem, das Papi im Büro hat.«

Methodische Erläuterung:

Wichtig hieran war zunächst, ihn rechtzeitig zu unterbrechen, sobald das fragliche Verhalten sich ereignet hat und prägnant geworden ist. Wir dürfen ihn hier nicht aus »Höflichkeit« weiterreden zu lassen, er soll sich ja nicht abmühen oder »ins Messer laufen«.

Meine Idee hinter dem Vorschlag war, daß Herr R. sich verbal in eine pseudoakademische Sprache verstrickt, die es ihm unmöglich macht, sich zu verständigen. Wenn er nur reden würde wie ein Kind – wie es sich die Dinge denkt und dazu fühlt –, könnte alles leichter werden. Vielleicht hat er diese Ressource und nutzt sie nicht. Diese Ressource, die heilend wirken könnte, wollte ich »abrufen«.

Die andere Idee war die, daß ich durch diesen Vorschlag in ein Rollenspiel mit ihm kommen würde: Wir sind alle zehn Jahre alt und können auf demselben Sprachniveau nachfragen. Somit ist er nicht mehr allein, und ich kann das angestrebte kindliche Niveau vormachen.

Er (erstaunt): »Ja, soll ich jetzt wie ein Kind sprechen?«

Ich: »Ja, genau, der Zehnjährige erzählt seinen Freunden, welches Problem sein Papi im Büro hat.«

Er: »Zehn Jahre – da fällt mir ein: ›Mutti, du verstehst mich nicht, du hörst mir ja gar nicht zu!‹«

Wie reagieren Sie?

....
....
....
....
....

Ich bestätige: »Ja, diese Erfahrung, daß Sie sich nicht verstanden fühlen, die gab es schon sehr früh« und lenke dann zu meinem Vorschlag zurück: »... Und wie schildern Sie nun als Zehnjähriger das Problem von Papi?«

Methodische Erläuterung:

Ich bin überrascht über diese Assoziation. Der Protagonist erinnert sich an einen Satz, den er als zehnjähriger Junge wohl geäußert oder gefühlt hat. Das Problem der Schwerverständlichkeit hat anscheinend frühe Wurzeln. Hier steht der Leiter am Scheideweg: In einem therapeutischen Kontext wäre dies ein willkommener Satz, um therapeutische Regressionen zuzulassen, d.h., Erinnerungen und Gefühle des Zehnjährigen aufzuspüren und aufzuarbeiten.

Keine Regressionsarbeit

Ich halte dies hier jedoch für nicht angebracht, da ich mit dem Protagonisten nicht in einer therapeutischen Situation bin und auch nicht den Arbeitsauftrag dafür von ihm bekommen habe (vgl. »Abb. 13, S. 56).

Allerdings ist es mir wichtig, seine Assoziation (und damit auch seine Erinnerung und Gefühle) nicht zu übergehen; ich bestätige sie, greife sie aber nicht auf.

Er: »Ja, das ist jetzt sehr schwer – vielleicht – Also, mein Papi – (lange Pause) –, der macht Sachen, die er gar nicht machen soll ... (Pause) – die er aber machen muß, um die Sache machen zu können, die er machen will.«

Ich und auch andere Gruppenteilnehmer reagieren ebenfalls als Zehnjährige und stellen ganz einfache Fragen, z.B.:»Was macht er denn überhaupt? – Macht er das heimlich? – Bringt es ihm Spaß, das heimlich zu machen? – Ist er traurig, daß ihn der Chef nicht lobt? – Mag dein Papi auch gern gelobt werden?« Usw.

Langsam wird die Problematik klar: Offenbar muß er eine Arbeit verrichten, für die er eigentlich gar nicht vorgesehen ist. Dies wird wohl geduldet, aber er empfängt keine Anerkennung. Diese wünscht er sich dringend. Offenbar geht ihm der Chef auch aus Verständigungsgründen aus dem Weg.

Was schlagen Sie vor, nachdem der Sachverhalt auf diese Weise klar geworden ist?

✎

....

....

....

....

....

Ich sage: »Offenbar haben Sie das Zeug dazu, einfach und prägnant zu sprechen – der Zehnjährige jedenfalls konnte das noch. Inzwischen ist ein komplizierter Schnabel gewachsen. Ich möchte vorschlagen, das Einfach-Prägnante noch ein wenig zu üben. Bitte machen Sie zu jedem hier eine kurze Äußerung, möglichst persönlich, klar und einfach.«

Methodische Erläuterung:

Nachdem das Problem klar geworden und der Protagonist – in der Rolle des Zehnjährigen – seine Ressource genutzt hat, könnte man ihm vorschlagen, denselben Sachverhalt noch mal als Erwachsener zu äußern und dabei die Verständlichkeitsressource zu nutzen, die ja vorhanden ist. Dieser Zwischenschritt würde den Transfer erleichtern und sollte, wenn genug Zeit vorhanden ist, auch gemacht werden.

Ich habe es damals bei dem Hinweis auf die Ressource belassen und ihn gebeten, in der Gruppe mit einer kurzen Äußerung zu jedem der anderen Teilnehmer das Einfach-Prägnante zu üben. Durch diese Intervention ins »Hier und Jetzt« hinein (vgl. »Grundtypen erlebnisaktivierender Fallarbeit«, Abb. 14, S. 65) konnte der Protagonist wieder in realen Kontakt mit der Gruppe kommen und sich mit seiner neuen Fähigkeit auch auf eine neue Art integrieren.

Herr R. kann diese Aufgabe gut bewältigen und findet damit Kontakt zu der Gruppe. Es erfolgt noch eine Aussprache darüber, die ihm sichtlich wohltut. Am nächsten Tag sagt Herr R. in der Morgenrunde, bei ihm sei »ein Knoten geplatzt«.

Fallbeispiel 13
»Junger Schnösel vor alten Hasen«

Herr Grünmann, ein junger Trainer in einem Unternehmen, frisch von einer norddeutschen Uni, formuliert sein Anliegen:

> **»Wie kann ich als ›junger Schnösel‹ den ›alten Hasen‹ etwas beibringen?«**

Hintergrund: Als junger Pädagoge, der gerade sein Diplom erhalten hat und nun seine ersten Aufgaben in einem großen Unternehmen wahrnimmt, soll Herr Grünmann alten, erfahrenen Verkäufern aus Süddeutschland etwas in bezug auf Arbeitstechniken beibringen. Herr Grünmann befürchtet nicht nur Schwierigkeiten im Nord-Süd-Gefälle, sondern auch eine starke Ablehnung wegen seiner Jugend und geringen Praxiserfahrung.

Was sagen Sie, oder was schlagen Sie vor?

....

....

....

....

....

Ich frage: »Haben Sie Lust auf eine Roßkur?«

Das Arbeitsprinzip
»Roßkur«

Methodische Erläuterung:

Die Ankündigung einer »Roßkur« ist für mich ein wichtiges Arbeitskonzept und bezieht sich meist auf folgenden Hintergrund: Wenn jemand auf irgendein Verhalten festgelegt ist und unter dieser Festlegung leidet – z.B. immer abwartet, bis man ihn anspricht und sich nicht aktiv in die Gruppe einbringt (das Muster ist also »Abwarten«) –, kann man nicht einfach sagen: »Probier doch mal das Gegenteil aus.«

Das gegenteilige Verhalten ist nämlich oft mit großer Angst besetzt. Will man die Tür zu einem neuen Verhalten öffnen, muß man an diesem »Türwächter« vorbei: der Angst, die es einem schwermacht oder einen unter Umständen gar nicht durchläßt.

Empfehlen wir jemandem, in einem sicheren Kontext das gewohnte Muster zu durchkreuzen und genau das Gegenteil auszuprobieren, dann ist dies für den Betreffenden eine Roßkur, bei der er möglicherweise Blut und Wasser schwitzt; es ist keine leichte Angelegenheit.

Indem wir ankündigen, daß die folgende Übung eine Roßkur für in sei, erleichtern wir dem Protagonisten diesen Schritt. Zum einen erhält er explizit die Freiheit der Wahl: »Nein, es ist mir ein Schritt zuviel …«, zum anderen wissen nun er und die Gruppe, daß in diesem Punkt keine Meisterleistung von ihm erwartet wird. Wir betonen also den experimentellen Charakter der Übung, und der Protagonist kann sich ohne inneren Leistungsdruck in einem neuen Verhalten ausprobieren.

In diesem Beispiel geht es nun nicht darum, ein vorhandenes Muster zu durchkreuzen. Die Roßkur besteht hier darin, den »Teufel an die Wand zu malen«.

Wer im Rahmen einer sicheren Gruppensituation die in seiner Phantasie existierende »Katastrophensituation« erlebt, kann sich mit geringerem Schrecken der Realität stellen. Diese ist in aller Regel »gnädiger« als die Schreckensvisionen unserer Phantasie, die angereichert sind mit eigenen Projektionen und Übertragungen.

Im Rollenspiel werden die Phantasien veräußerlicht, indem sie auf die Mitspieler verteilt werden. Dadurch, daß sie uns nicht mehr im Inneren quälen, sondern außen sichtbar werden, werden sie handhabbarer, und wir können uns mit ihnen auseinandersetzen.

Er: »Ja, ja.«

Ich sage: »Gut, dann spielen wir doch mal ›die schlimmste aller Möglichkeiten‹. Bauen wir mal die Situation auf, wir haben ja acht Leute hier, das sind Ihre erfahrenen Teilnehmer. Und Sie stehen vorne am Flipchart. Spielen wir mal das Schlimmste, was Sie sich vorstellen können, malen wir mal den Teufel an die Wand!«

Er: »Das Schlimmste wäre, wenn die so dasitzen würden, in der Haltung ›Na, was will der denn, ha, ha, ha‹ – und einige so gelangweilt ihre Zeitung lesen oder Notizen machen, und andere vielleicht überheblich lachend mit provokativen Einwänden kommen. Die halbe Gruppe zeigt sich lethargisch desinteressiert und die andere Hälfte provokativ, eine Lust aus der Situation ziehend, den da vorne so ein bißchen auflaufen zu lassen.«

Ich sage: »Gut, dann spielen wir das mal. Vielleicht treten Sie zunächst hinter jeden Teilnehmer und sagen ihm, was Sie vermuten, was er als alter Hase fühlen, denken und demzufolge sagen oder tun könnte.«

Er tritt nacheinander hinter jeden Teilnehmer und doppelt ihn ein, etwa in der Art: »Ja, ich mach' das Geschäft schon 20 Jahre. Daß ich jetzt auf der Schulbank sitzen soll, um mir anzuhören, was unser Grünling da vorne zu verkünden hat, ist natürlich mehr als grotesk. Ich könnte nun meine Zeit hier absitzen, aber ich mach' mir mal einen Spaß aus der Situation, dann haben wir wenigstens unsere Freude gehabt. Vielleicht gelingt es ja mit etwas gütigem Humor, den Kleinen da vorne etwas auflaufen zu lassen.«

Er tritt hinter den nächsten und sagt: »Ich bin derart gelangweilt und versuche hier meine persönlichen Notizen zu ordnen, um wenigstens etwas Sinnvolles aus der Zeit zu machen.« Usw.

Danach fängt Herr Grünmann am Flipchart mit seiner Theoriepräsentation an, und die anderen Teilnehmer verhalten sich so, wie es ihnen eingedoppelt wurde.

Nach circa fünf Minuten wird die Situation wirklich unangenehm. Man sieht, dem Protagonisten schwimmen die Felle davon, obwohl er sich tapfer und (scheinbar) unverdrossen mit sachlichen Ausführungen über Wasser zu halten versucht.

Was sagen Sie, oder was schlagen Sie vor?

....

....

....

....

....

Ich sage: »Gut, stopp. Ich möchte mal unterbrechen. Wie ist Ihnen bis jetzt *innerlich* zumute?«

Methodische Erläuterung:

Der Protagonist war im Rollenspiel sehr sachlich mit der Situation umgegangen. Er präsentierte seine Theorie, ging auf das Geschehen im Raum – die Herabsetzung seiner Person – aber mit keiner Silbe ein.

*Innere Bestands-
aufnahme vor einer
Metakommunikation*

Durch die obige Intervention wurde seine Blickrichtung nach innen auf das Erleben seiner selbst und das aktuelle Beziehungsgeschehen gerichtet. Genau diese Haltung – Blickrichtung nach innen – ist Voraussetzung für den Umgang mit Störungen im Seminar. Aus der sicheren Kenntnis seines Eigenlebens und des Gruppengeschehens ist der Leiter in der Lage, metakommunikatorisch auf das Geschehen einzugehen und es so zu beeinflussen.

Er: »Ja, fachlich komme ich so ganz gut über die Runden, aber ich fühle mich menschlich in dieser Situation, vor diesen Leuten, so klein mit Hut und habe starkes Herzklopfen.«

Ich: »Was sagt denn das Herz, das so stark klopft?«

Er: »Ja, es sagt: ›Ich fühl' mich ganz klein und schutzlos.‹«

Was sagen Sie, oder was schlagen Sie vor?

....

....

....

....

....

Ich sage: »Gut, dann gibt es in dieser Situation zwei Grünmänner: den großen ›Kopf-Grünmann‹ und den kleinen ›Herz-Grünmann‹. Wenn Sie mal die beiden trennen und jeden für sich allein sprechen lassen! Wer von beiden fängt an?«

Methodische Erläuterung:

Es hätte auch sein können, daß die innere Reaktion von Herrn Grünmann Wut gewesen wäre und er gesagt hätte: »Ich habe eine geballte Faust in der Hosentasche.« Aber seine Reaktion ist, daß er sich klein und hilflos fühlt.

Ich spreche hier die zwei Seiten in ihm an: den großen »Kopf-Grünmann«, der versucht hat, die Stellung zu halten, und den kleinen »Herz-Grünmann«, der bislang innerlich geblieben ist, auch wenn er spürbar war. Die innere Bestandsaufnahme ergibt, daß es eine Spaltung von Innen und Außen gibt, daß im inneren Team mindestens zwei In-

Spaltung von »Außendienst« und »Innendienst«

157

stanzen sind, die wirksam werden, wobei die eine den »Außendienst«, die andere den »Innendienst« verrichtet!

Abb. 32: Außen- und Innendienst in der Kommunikation sind voneinander getrennt.

Der große »Kopf-Grünmann« verrichtet den Außendienst und der kleine »Herz-Grünmann« den Innendienst; allerdings sind diese beiden voneinander getrennt und dürfen nichts voneinander wissen. Sie sind nicht im Kontakt miteinander, so daß er gegenüber den Teilnehmern auch als »halbe Portion« auftritt und die andere Hälfte seines Wesens verleugnen muß. Solche Abspaltungen kosten viel psychische Energie und verhindern, daß die »Wahrheit der Situation« zur Sprache kommen kann.

Er: »Ich bin der große ›Kopf-Grünmann‹ und habe meine Lektion gut gelernt; ich kann unterrichten, und ich weiß auch, was ich hier an den Mann bringen will.«

Ich: »Ja, Sie wissen, was Sie zu bieten haben, und fühlen sich sicher im Stoff! Gibt es einen Satz, den der große ›Kopf-Grünmann‹ den Leuten zurufen könnte?«

Er: »Hört zu (vielleicht)!«

Ich: »Hört gut zu, hier könnt ihr noch was lernen!?«

Er: »Ja!«

Ich: »Gut. Bitte sprechen Sie diesen Satz noch mal in die Runde, und lassen Sie ihn wirken (nach außen und nach innen)! – Pause – Und wenn Sie sich jetzt einmal hinhocken und ganz klein machen und den ›Herz-Grünmann‹ sprechen lassen!«

Methodische Erläuterung:

Diesen Schritt, die eher kleinen und schwachen Seiten anzusprechen, mache ich nur, nachdem der Große sein durfte und sich gewürdigt fühlt. Diesen Zweck hatte die angebotene Formulierung: »Hört gut zu, hier könnt ihr noch was lernen!« Ein solcher Satz hebt das Selbstbewußtsein – das er ja auch hat – hervor.

Gerade für Männer ist es ein großer Schritt, auch die hilflosen oder weniger gefestigten Seiten öffentlich zu zeigen und anzugehen.

Er (hockt sich hin): »Ich gebe mir Mühe, aber was ich sehe, ist nur diese Überheblichkeit, diese gelangweilte Verdrossenheit, und ich habe gar nicht das Gefühl, daß die mich mögen.«

Ich bin ebenfalls in der Hocke und bleibe im Kontakt mit dem »Herz-Grünmann«.

Ich sage: »Ihr seid ganz schön fies!«

Er: »Ja, genau, ihr seid fies und arrogant …« usw.

Wie werten Sie diese Selbsterfahrung aus, und was schlagen Sie als nächstes vor?

✎

....

....

....

....

....

Ich sage: »Der kleine ›Herz-Grünmann‹ ist sehr sensibel und kriegt viel mit von dem, was in der Situation abläuft. Aber er bleibt innen drin und versteckt sich hinter dem großen ›Kopf-Grünmann‹, denn der ist ja stark und macht seine Sache gut. Aber wenn dieser allein das Sagen hat (so wie im ersten Rollenspiel), bleibt der ›Herz-Grünmann‹ auf der Strecke und mit ihm alles, was er in der Situation richtig fühlt.«

Methodische Erläuterung:

Diesen Schritt einer kurzen Erläuterung der Situation baue ich häufig ein: Ich erkläre dem Protagonisten, was passiert ist, so daß er sich einen Reim machen und auch den nächsten methodischen Vorschlag besser nachvollziehen kann.

Kleine Stegreif-Visualisierungen (vgl. Abb. 32, S. 158) können die Erklärung ergänzen.

»Vielleicht probieren Sie jetzt mal in einem zweiten Spiel, die beiden im Außendienst zu vereinen, etwa in der Art:

›Ich komme ja von der Zentrale, ziemlich frisch von der Uni, und Sie sind so erfahrene Praktiker, mit allen Wassern gewaschen: Das macht mir schon etwas zu schaffen. Ich denke aber, daß ich Ihnen etwas zu bieten habe, das Ihre Erfahrungen bereichern kann.

Ich möchte Sie bitten, in dem Augenblick, wo Sie denken, das trifft Ihre Situation nicht, daß Sie dann einfach Bescheid sagen. Vielleicht sind wir zusammen schlauer, als es jeder einzeln für sich wäre. Auf jeden Fall bin ich auf Ihre Rückmeldungen angewiesen, ich brauche Ihre Reaktion, damit ich hier vorne nicht vereinsame.‹ Usw.

Würden Sie das mal mit Ihren eigenen Worten versuchen?«

Methodische Erläuterung:

Die beiden Seiten in ihm sollen zusammenkommen, und ich mache vor, wie er die Situation gestalten könnte, um den kleinen »Herz-Grünmann« mit in den »Außendienst« einzubeziehen.

Der Satz »Das macht mir schon etwas zu schaffen« ist eine Bagatellisierung, denn es macht ihm schwer zu schaffen. Aber das, was von diesem inneren Gefühl kommunikabel ist in dieser Situation, in der es auch darauf ankommt, Stellung zu halten und Souveränität zu dokumentieren, kann in Form dieses Satzes mitgeteilt werden, um sich nicht völlig zu verhehlen. Diesen Satz als souveränes Statement in der Gruppe zu äußern heißt, etwas anzusprechen, das die Gruppenteilnehmer auch schon gefühlt haben. Wenn er nicht so tut, als ob er der große erfahrene Macher sei (was ihm auch keiner abnehmen würde), bekommt er auch eine Chance.

Er darf in dieser Situation zwei Dinge nicht tun: Er darf nicht den »großen Larry« spielen, denn dann würden es ihm die »alten Hasen« zeigen, und er darf nicht den kleinen »Herz-Grünmann« spielen, denn dadurch bekommen die Teilnehmer keine Achtung vor ihm als Leiter.

Die Kunst ist es, diese Seiten in einem Balanceakt zu verbinden (siehe Abb. 33, Wertequadrat). Danach ist es wichtig, daß Herr Grünmann es in seinen eigenen Worten versucht, um die Sätze auch mit seinen Gefühlen und Gedanken zu füllen und seinen Stil der Integration zu finden.

161

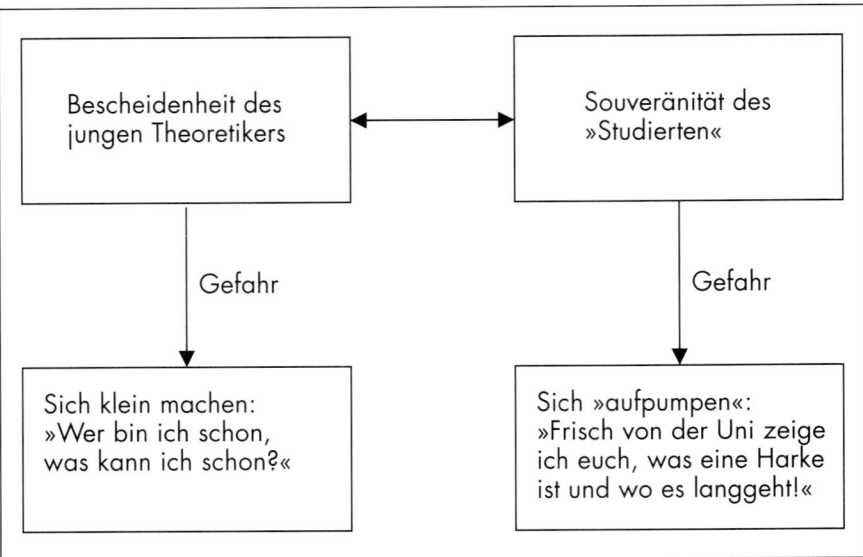

Abb. 33: Die zu balancierenden »Botschaften« im Kontext eines Wertequadrates (vgl. Schulz von Thun 1989, S. 38ff.)

Es gibt zwei Arten von Souveränität für einen Gruppenleiter: Souveränität erster Ordnung bedeutet, daß wir die Situation in der Gruppe »im Griff« haben, sowohl die sachliche Ebene wie auch die Dynamik in der Gruppe und unsere eigene Befindlichkeit.

Dies ist jedoch nicht immer menschenmöglich, so daß es darauf ankommt, Bedenken und Unsicherheiten uns auch zugestehen und ansprechen zu können, aber nicht als Ausdruck von Ohnmacht und Unfähigkeit, sondern in einem Kontext von Souveränität. Die innere Wahrheit wird angesprochen und ist wahrscheinlich als gefühlte Wahrheit sowieso im Raum. Dies ist die Souveränität zweiter Ordnung: »Es bricht mir keinen Zacken aus der Leiterkrone, wenn ich nicht in jedem Moment ›alles im Griff habe‹. Indem ich dazu stehe, sitzt die Krone um so fester!«

Nach dem zweiten Rollenspiel (Integrationsversuch) gibt es:

- ❖ Rollenfeedback: Die Mitspieler geben kund, wie sie sich in der Rolle (als »alte Hasen) angesprochen gefühlt haben, welche Reaktionen sein Verhalten bei ihnen ausgelöst hat;

- ❖ Kollegenfeedback: Nachdem die Teilnehmer sich aus ihrer Rolle verabschiedet haben, geben sie als reale Menschen und Kollegen kund, was sie denken, fühlen, empfehlen.

Fallbeispiel 14
Umgang mit unsympathischen Menschen

In einer Gruppe von Abteilungs- und Gruppenleitern lautet eines der Anliegen:

»Wie gehe ich mit Leuten um, die mir extrem unsympathisch sind?«

Hintergrund: Der Teilnehmer schildert, es passiere ihm immer wieder, daß er gegenüber manchen Menschen, die ihm gar nichts getan hätten, eine extreme Abneigung empfinden würde: »Wie kommt das, und was kann ich da machen?«

Methodische Erläuterung:

Es handelt sich um ein wichtiges Thema, da es wohl jedem Menschen widerfahren kann. Wie sich dieses Thema jedoch für diesen Teilnehmer in seinem Leben gestaltet, wo es vorkommt und wie er es fühlt, weiß man natürlich noch nicht; und die erste Intervention muß wie immer auf die Konkretion des Anliegens abzielen.

Ich bin gespannt, ob er ein Beispiel aus der hier anwesenden Gruppe bringt (Bearbeitung im Hier und Jetzt) oder aus seinem Leben (Dann und Dort).

Auf meine Frage hin berichtet er von einem konkreten Beispiel: »Neulich bat mich mein Chef, bei einem Bewerbungsgespräch dabeizusein. Der Bewerber hatte kaum den Raum betreten und einige Sätze gesagt, da merkte ich eine geradezu körperlich spürbare Abneigung gegen diesen Mann. Das war mir selber unangenehm.«

164

Ich: »Warum unangenehm?«

Er: »Ja, weil ich gar nicht mehr sachlich zuhören und argumentieren konnte, auch meinem Chef gegenüber nicht. Und der Bewerber konnte vorweisen, was er wollte: Er hatte bei mir schon verloren!«

Methodische Erläuterung:

Ich frage ihn, warum es für ihn unangenehm sei. Diese Frage impliziert eine »humanistische Neuorientierung« (vgl. Thomann/Schulz von Thun 1989, S. 300–311), d.h., ich signalisiere: Aus meiner Sicht ist es nicht unmenschlich oder verboten, jemanden unsympathisch zu finden: es müßte ihm nicht unangenehm sein. Aber der Protagonist hat Gründe dafür, und diese sind interessant.

Wir erfahren, daß er nicht mehr »funktionstüchtig« war. Zudem war es ihm peinlich, und er fand seine Reaktion ungerecht. Er steht also mit seiner eigenen Reaktion auf »Kriegsfuß«.

Was sagen Sie, oder was schlagen Sie vor?

....

....

....

....

....

Ich frage: »Sind Sie einverstanden, daß wir einmal ein Experiment machen?«

Er: »Ja.«

Ich: »Gut, dann lassen Sie diese Situation noch einmal genau vor Ihren Augen entstehen: Wie der Bewerber hineinkommt, wie er aussieht, wie er sich bewegt, wie sind seine Augen, was scheinen sie zu sagen usw. ... Können Sie diesen Mann einmal ganz genau beschreiben?«

Während er diese Person beschreibt, schreibe ich alle Schlüsselwörter am Flipchart mit:

unsicher,
kraftlos,
weiß nicht, was er will,
gebeugt,
anbiedernd lächelnd.

Der Bericht ist zu Ende, die Schlüsselwörter stehen am Flipchart.

Methodische Erläuterung:

Das Experiment besteht aus zwei Phasen. In der ersten Phase kommt es darauf an, daß der Protagonist sich seine ablehnenden Reaktionen noch einmal genau vergegenwärtigt.

Wozu das Protokoll der Schlüsselwörter dient, ergibt sich aus der zweiten Phase des Experiments.

Was sagen Sie nun, oder was schlagen Sie vor?

....

....

....

....

....

Ich sage: »Ich möchte Sie bitten, mit mir diese Worte durchzugehen und zu schauen, ob es in Ihrem Leben Momente gegeben hat, wo Sie sich so gefühlt haben, wie es dort steht. – Sind Sie einverstanden, den Spieß mal auf sich selber zu drehen? O.K. – beginnen wir mit ›unsicher‹: Kennen Sie das von sich, daß Sie sich zuweilen sehr unsicher fühlen anderen Menschen gegenüber?«

Methodische Erläuterung:

Wenn ein Mensch sehr heftige Gefühlsreaktionen in bezug auf andere Menschen und ihre Verhaltensweisen empfindet, ist dies häufig ein Hinweis dafür, daß eine Übertragung oder eine Projektion vorliegt.

Verdacht auf Projektion oder Übertragung prüfen

Übertragung hieße: »Ich kenne oder kannte jemanden, der war so und hat mir zu schaffen gemacht.« Projektion heißt: »Ich kenne einen – nämlich mich –, der hat diese Teile auch, so ungern ich es wahrhaben möchte!«

Diese Intervention ist geeignet, die Projektionen wieder zu verinnerlichen. Der Prozeß ist dabei genau entgegengesetzt wie beim letzten Beispiel, in dem es darum ging, Projektionen zu veräußerlichen. Hier also der Versuch, die Anteile im Protagonisten aufzuspüren, die er beim anderen überscharf sieht und heftig ablehnt.

Durch die beschreibenden Worte am Flipchart erhalten wir eine Überprüfungsliste von Eigenschaften, die dem Protagonisten an sich selbst möglicherweise sehr unangenehm sind.

Im weiteren Verlauf verfolge ich die Projektionshypothese. Die Überprüfung der Übertragungshypothese hätte so geklungen: »Kennen Sie jemanden aus Ihrem bisherigen Leben, der genau so war: unsicher, kraftlos, ohne klares Ziel, gebeugt und mit anbiederndem Lächeln?«

Er: »Oh ja, oh ja!«

Ich: »Ja, was fällt Ihnen dazu ein?«

167

Er berichtet von der Situation.

Ich: »Und wie ist das für Sie, sich so unsicher zu fühlen – können Sie sich das zugestehen?«

Er: »Erbärmlich!«

Ich: »Sie finden sich erbärmlich, wenn Sie unsicher sind. – Gehen wir mal zum nächsten Punkt: ›kraftlos‹ – kennen Sie das auch von sich?«

So geht es Punkt für Punkt. Es gelingt ihm sehr leicht, bei jedem Stichwort eigene Beispiele zu erinnern. – (»Oh ja, das kenne ich gut!«)

Was sagen Sie, oder was schlagen Sie vor, wenn alle Punkte ausgearbeitet sind?

Nachdem ich mich beim Protagonisten erkundigt habe, wie es ihm nach diesem Experiment geht, gebe ich einen theoretischen Kommentar:

Selbsterforschung und Schattenintegration

»*Wir sind besonders allergisch gegen Leute, die genau das zu verkörpern scheinen, was wir zwar selbst bei uns auch kennen oder gekannt haben, dies aber nicht so gern wahrhaben wollen und verurteilen.*

Das scharfe Beobachten und Erkennen solcher Schwächen und Fehler nennt man ›Projektion‹. Dies ist völlig normal, keineswegs krankhaft; aber es ist gut, die eigenen Projektionen zu kennen und zu durchschauen. Und noch besser ist es darüber hinaus, sich mit seinen ›wunden Punkten‹ nach und nach auszusöhnen (›Schattenintegration‹). Zum Beispiel, daß Sie mit der Zeit dahin kommen, sich nicht zu verurteilen

168

und erbärmlich zu finden, wenn Sie mal unsicher, kraftlos oder anbiedernd sind, sondern daß Sie sich das als normal-menschliche Regung zugestehen.«

Danach zur Gruppe: »Ich möchte Sie jetzt wieder einbeziehen und fragen, was Ihnen in den Sinn gekommen ist.«

Das Gespräch kreist noch lange um Punkte, die man bei sich selbst ablehnt. Der Protagonist ist jetzt mit seinem Thema nicht mehr alleine.

Methodische Erläuterung:

Da es hier nicht um eine Therapie geht, sondern um eine Lernstunde zu zwischenmenschlichem Verhalten, biete ich keine regressive Vertiefung an (vgl. S. 150, und Fallbeispiel 12).

Die Arbeitsrichtung aber geht weg vom unsympathischen anderen – dem Blick nach außen – auf die Selbsterforschung, die Innenschau. Danach kommt die Einbindung der Gruppe.

Sollte es in der Gruppe Teilnehmer geben, die der Verführung erliegen, den Protagonisten (da er gerade mal so schön »auf der Couch liegt«) weiter auszuforschen, dann ist dies zu stoppen, z.B. mit folgenden Worten:

»Ich möchte Sie bitten, die Psychoanalyse von Herrn P. zu beenden und jetzt – nach seinem Vorbild – den eigenen Bezug zum Thema aufzunehmen! Das Thema lautet: ›Wenn mir jemand unsympathisch ist: Woran liegt das, und was kann ich tun?‹«

Das Thema in die Gruppe geben

Fallbeispiel 15
Gleichberechtigung beim Arzt

In einer Gruppe von Frauenärzten formuliert ein junger Gynäkologe folgendes Anliegen:

>»Wie kann ich meine Praxis so gestalten, daß mehr Gleichberechtigung zwischen Arzt und Patientin entsteht?«

Ein älterer Kollege meint sofort, das wäre das falsche Ziel, Gleichberechtigung sei ein wunderschönes ideologisches Wort, passe aber absolut nicht in eine ärztliche Praxis!

Ich sage: »Augenblick, bitte! Bevor wir das Thema diskutieren, möchte ich vorschlagen, es noch etwas konkreter vor Augen zu bekommen.«

Methodische Erläuterung:

Als Leiter möchte ich der interkollegialen Diskussion über dieses Thema unbedingt Raum geben!

Jedoch lehrt die Erfahrung, daß eine solche Diskussion ergiebiger verläuft, wenn vorher sichergestellt ist, daß alle über das Gleiche reden. Erlebnisaktivierende Methodik ist ja auch immer konkretisierend, schafft einen gemeinsamen Erlebnishintergrund und somit einen guten Ausgangspunkt für Diskussion (vgl. S. 52 f.).

Den Protagonisten frage ich: »Wären Sie bereit zu einem kleinen Experiment?« – (Er bejaht.)

Was schlagen Sie vor?

✎

....

....

....

....

....

Ich sage: »Ich möchte Sie bitten, einmal in die Haut einer Ihrer Patientinnen zu schlüpfen. Haben Sie eine bestimmte vor Augen? Gut! Wie heißt sie? O.K., sagen wir Frau Miller.«   *Rollentausch*

Zum Protagonisten in der Rolle von Frau Miller: »Frau Miller, Sie werden gleich angerufen werden, Ihre Freundin ist am Apparat. Sie will ihren Frauenarzt wechseln und wird sich bei Ihnen eingehend über Ihren Frauenarzt erkundigen – wie es bei ihm zugeht, was für ein Mensch er ist, wie Sie sich von ihm behandelt fühlen usw.«

Zur Gruppe: »Wer möchte die Freundin spielen?«

Methodische Erläuterung:

Die Diskussion unter den Kollegen wird auf eine gemeinsame und anschauliche Grundlage geführt. Es muß hier darum gehen, den Begriff der Gleichberechtigung mit Sinn und Konkretem zu füllen: und zwar aus der Perspektive der Patientinnen; und es soll nicht abstrakt über mögliche Wünsche der Patientinnen geredet werden, sondern anhand einer wirklichen Person.

Durch ein kleines Rollenspiel kann herausgearbeitet werden, was der Protagonist unter »Gleichberechtigung« versteht und wie er sich als Arzt seinen Patientinnen gegenüber verhält in Hinblick auf sein Thema: Fühlt die Patientin sich gleichberechtigt? Was versteht sie unter Gleichberechtigung? Woran macht sie es fest?

Kollege aus der Gruppe
In der Rolle der besten
Freundin der Patientin

Protagonist Dr. X (Frauenarzt)
In der Rolle seiner
Patientin Frau Miller

Abb. 34: *Fiktives Telefongespräch zwischen der »Patientin« und ihrer »besten Freundin«.*

Im Beispiel spielt ein Kollege die »beste Freundin«. Alternativen wären:

❖ Der Leiter übernimmt diese Rolle (mit der Möglichkeit, durch gezielte Fragen viel herauszubekommen, siehe Fallbeispiel 17).

❖ Die Patientin ist mit ihrer »Frauengruppe« zusammen: Alle Gruppenmitglieder spielen Frauen, alle dürfen sie sie nach ihrem Frauenarzt ausfragen (Gruppenaktivierung).

Das Telefongespräch beginnt und dauert etwa fünf bis zehn Minuten. Danach erfolgen die Auswertung und die Diskussion.

Kommentar zu Fallbeispiel 15:

In diesem Fallbeispiel wird deutlich, daß die erlebnisaktivierenden Methoden so angelegt werden können, daß sie lediglich einen kleinen, vorbereitenden Hilfsdienst erfüllen für das, was dann den Schwerpunkt der Arbeit bilden soll: die interkollegiale Diskussion (vgl. auch S. 52f.).

Fallbeispiel 16
Kritikempfindlich

In einer Gruppe von Führungskräften lautet das Anliegen eines Abteilungsleiters:

»**Bin ich kritikempfindlich?**«

Hintergrund: Der Abteilungsleiter schildert, er habe schon manchmal gehört, er sei eine Mimose, zweifele aber, ob das zutreffe. Privat sei er das bestimmt nicht, allenfalls beruflich, wenn es seinen Führungsstil beträfe.

Welche beiden prinzipiellen Möglichkeiten sehen Sie, an dieser Stelle erlebnisaktivierend zu arbeiten?

....

....

....

....

....

Methodische Erläuterung:

Erstens: Sie können an einem Schlüsselbeispiel im »Dort und Damals« arbeiten (z.B. seine Mitarbeiter mit Kritikpunkten auftreten lassen).

Zweitens: Sie können im »Hier und Jetzt« ein gemeinsames Gruppenerlebnis schaffen, in dem sich die fragliche seelische Reaktion (Empfindlichkeit) ereignen kann – vgl. S. 67ff.!

Angenommen, Sie entscheiden sich für die zweite Möglichkeit; allerdings kennen sich die Teilnehmer nicht gut, da die Gruppe noch nicht lange besteht, so daß Sie nicht erwarten können, daß die Gruppenmitglieder gegen den Protagonisten viel Kritisches »auf Lager« haben.

Themenbearbeitung im »Hier und Jetzt«

Was schlagen Sie vor, im Rahmen der »Hier und Jetzt«-Variante, unter besonderer Berücksichtigung seiner letzten Aussage?

....

....

....

....

....

Ich sage: »Ich möchte Ihnen etwas vorschlagen: Bitte halten Sie uns einen kurzen Vortrag über Ihre persönlichen Führungsprinzipien hier am Flipchart. Hinterher werden wir darüber diskutieren, und vielleicht gibt es auch Kritik. Dann achten Sie bitte auf Ihre innere Reaktion, also eventuell Empfindlichkeit – oder was es sonst auch sei. Möchten Sie etwas vorbereiten?«

Protagonist: »Nicht nötig.« Er fängt sogleich an.

Methodische Erläuterung:

Es geht hier darum, eine Situation zu gestalten, in der er etwas von sich zeigt und dafür von der Gruppe Kritik bekommt. So kann untersucht werden, wie er auf Kritik reagiert.

Eine Hilfsüberlegung dabei war, daß er angab, seine Empfindlichkeit – wenn überhaupt – läge im Bereich seines Führungsstils. Entsprechend sollte er genau darüber berichten.

Nach seinem Vortrag erhält Herr M. unter anderem auch kritische Reaktionen. Er reagiert darauf mit schnellen und langen Erklärungen und Richtigstellungen. Zudem läßt er die beiden ersten Kritiker nicht ganz ausreden.

Ich unterbreche den Prozeß und frage ihn, wie er »innerlich« auf die vorgetragenen Kritikpunkte reagiere. Er antwortet, sie machten ihm nichts aus.

Mein Eindruck ist, daß er mit Hilfe der schnellen Wortschwälle die Kritik nicht an sich herankommen läßt – und daher seine Empfindlichkeit nicht spürt.

Was sagen Sie, oder was schlagen Sie vor?

....

....

....

....

....

Ich sage: »Sind Sie zu einer Roßkur bereit?«

Er: »Ja.«

Ich sage: »Hören Sie jetzt bitte einmal all die kritischen Äußerungen an, ohne darauf zu antworten. Jeder sagt Ihnen einen Satz zu Ihrem Führungsstil, und Sie hören nur zu und lassen ihn auf sich wirken – einverstanden?«

Methodische Erläuterung:

Verhaltensmuster, die vor inneren Erlebnissen schützen

Oftmals haben typische Kommunikationsmuster die Aufgabe (Funktion), uns bestimmte innere Erlebnisse zu ersparen.

Wer z.B. um sein Haus riesige Schutzanlagen (Zäune, Alarmanlagen etc.) aufbaut, muß seine Angst vor Einbrechern nicht mehr spüren.

Durch sein äußeres Verhalten (Sicherheitsanlagen) hat er dafür ge-
sorgt, daß seine innere Reaktion (Angst) nicht mehr aufkommen kann.
Er sagt dann ganz ehrlich: »Ich verspüre keine Angst.«

So ähnlich ist es hier: Die innere Reaktion (»ich fühl' mich empfindlich,
bin gekränkt«) kann nicht aufkommen, wenn der Protagonist prophy-
laktisch jeden Anflug von Kritik mit einem Wortschwall oder durch
Unterbrechen von sich fernhält und Kritik wie auch Kritiker abwehrt.

Abb. 35: Typische Verhaltensweisen schützen vor inneren Erlebnissen: Sprech-
blasen wirken wie ein Airbag, sie lassen die Kritik nicht herankommen.

Der dadurch entstehende Kontaktverlust ist der Preis für diese Art von
Sicherheitsvorkehrung: Er läßt andere Menschen nicht wirklich an sich
herankommen. Um dies zu verändern, müssen die Schutzmaßnahmen
wieder abgebaut werden, muß die Empfindlichkeit wieder gespürt und

ausgehalten werden, muß ein neuer Umgang mit der Empfindlichkeit eingeübt werden.

Es wird wirklich sehr schwer für ihn, an sich zu halten, weil er jedesmal sogleich reagieren möchte.

Auswertung der Übung: Offenbar ist er normal empfindlich wie jeder andere auch, jedoch gelingt es ihm, sich diese Empfindlichkeit durch schnelle Rhetorik vom Leibe zu halten. Die Kritiker sind dann allerdings nicht zufrieden.

Es folgt in Phase 3 eine Gruppendiskussion über Empfindlichkeit.

Methodische Erläuterung:

Theoretischer Kommentar zum »Kerbenprofil«

Sodann kann sich in Phase 4 (theoretischer Kommentar) eine Erläuterung zum »Kerbenprofil« anschließen:

Abb. 36: *Das Kerbenprofil*

Damit ist gemeint: Jeder hat seine »wunden Punkte« – wenn jemand daran rührt, haut er (oft ohne es zu wissen) in eine »alte Kerbe«, löst somit eine hochempfindliche Reaktion aus, die zum aktuellen Anlaß in keinem angemessenen Verhältnis steht.

Dieses »Kerbenprofil« sieht bei jedem anders aus. Einer reagiert vielleicht völlig unempfindlich, wenn seine Kompetenz angezweifelt wird, hingegen hochempfindlich, wenn seine »Männlichkeit« kritisch kommentiert wird. Bei jemand anderem mag es genau umgekehrt sein.

Wenn ich nun mein eigenes Kerbenprofil gut kenne:

❖ bin ich auf meine empfindlichen Reaktionen vorbereitet und kann sie richtig einordnen, muß die anderen nicht gleich als mich verletzende Übeltäter ansehen;

❖ kann ich meine wunden Punkte »bearbeiten«. Der erste heilsame Schritt ist, sie überhaupt wieder zu spüren.

Fallbeispiel 17
»Fast alles Frauen!«

In einer Gruppe von Lehrerinnen und Lehrern mit 16 Teilnehmern sind nur zwei Männer. Nach Aufteilung der Gruppe in zwei Halbgruppen ist einer dieser beiden Lehrer mit sieben Frauen zusammen. Sein Anliegen:

»Wie komme ich mit den Frauen zurecht?«

Hintergrund: Als er vor dem Kurs die Teilnehmerliste zugeschickt bekam, habe er einen schönen Schreck gekriegt: »Fast alles Frauen! Oje!«

Was sagen Sie, oder was schlagen Sie vor?

....

....

....

....

....

Ich sage: »Spielen wir mal die Situation: Sie öffnen zu Hause die Post mit der Teilnehmerliste. Ich bin Ihr bester Freund und gerade zu Besuch. Wir sitzen beim Tee.«

Methodische Erläuterung:

Hier muß es zunächst um eine Selbstklärung gehen: Was heißt dieses »Oje!«?

Um es mit Substanz zu füllen, schlage ich ein Rollenspiel vor. Ich bin sein »bester Freund«, damit er einen Ansprechpartner hat und nicht nur vor sich hin spricht, vor allem aber, damit ich nachfragen, ein bißchen »nachbohren« kann.

Aus zwei Gründen wäre es hier (im Gegensatz zum Fallbeispiel 15) nicht so günstig, jemanden aus der Gruppe die Rolle des Freundes spielen zu lassen:

❖ Es wäre schade, wenn der Rollenpartner die »Kunst des sanften Nachbohrens« nicht beherrschen würde – die Selbstklärung bliebe dann oberflächlich.

❖ Es sind sonst nur Frauen in der Gruppe. Eine Konfrontation mit einer »Angstgegnerin« wäre an dieser Stelle zwar reizvoll, aber vielleicht zu früh. Daher bleiben wir zunächst »unter uns Männern«.

Rollenspiel »hinter der Stellwand«: Zwei Stühle und ein Tisch werden aufgebaut, etwas abseits von der (weiblichen) Restgruppe. Ich als »bester Freund« höre aktiv zu, stelle neugierige Fragen, ich bin mitfühlend, aber gern auch ein bißchen provozierend: Siehe nachfolgenden Dialog!

Rollenspiel »hinter der Stellwand«

An die Frauengruppe gewendet: »Sie sind nicht dabei, aber trotzdem haben Sie jetzt einmal die Gelegenheit, durchs Schlüsselloch mitzuhören. Lassen Sie das einfach auf sich wirken, was Sie da mitbekommen, und schauen Sie mal, wie Sie darauf innerlich reagieren.«

Das Gespräch nimmt seinen Verlauf:

Protagonist   Oje, fast alles nur Frauen!

Ich (verschmitzt): Hast du ein Glück!

Er: Von wegen, von wegen!

Abb. 37: Rollenspiel »hinter der Stellwand«

Ich: (überrascht): Ach, du freust Dich nicht?

Er: Ja – nein, also was wird da bloß alles auf mich zukommen!?

Ich: Woran denkst du denn? Meinst du, die werden sich alle auf dich stürzen? – Ich meine, aussehen tust du ja sehr gut, das geb' ich zu!

Er: Also, daß jemand sich auf mich stürzt, das fürchte ich weniger, weißt du!

Ich: Das wäre gar nicht so übel, hm?

Er: (lächelt)

Ich: Du lächelst so still vor dich hin?

Er: Eher fürchte ich, daß ich sie nachher nicht wieder loswerde.

Ich: Ah ja? Erzähl mal genauer!

Usw.

In dieser Weise schreitet die Selbstklärung fort. Die »Frauengruppe« hört sehr gespannt zu.

Was schlagen Sie nach Beendigung des Dialoges vor?

✎

....

....

....

....

....

Ich sage nach Beendigung des Dialoges: »Ich bin ein fieser Freund gewesen: Ich habe von unserem Gespräch heimlich ein Video mitschneiden lassen, und diese Videokassette habe ich den Frauen im Seminar gezeigt.«

Und zu den Frauen gewandt: »Sie haben ja nun alles mitgehört und mitangesehen. Ich möchte Sie bitten, sich nun im Kreis zusammenzusetzen und darüber mal zu reden. Sie können unverblümt sprechen, Sie sind ja unter sich.«

Zum Protagonisten, gespielt flüsternd, aber so, daß alle es hören können: »Und nun hören wir mal heimlich zu, was die Frauen so über Sie reden!«

Methodische Erläuterung:

Nach der Selbstklärung des Protagonisten folgt jetzt die Gruppenaktivierung (vgl. Abb.14, S. 65: Von Quadrant 1 zu Quadrant 2).

Durch die Anordnung – die Frauen sitzen in einem Kreis, der Protagonist abseits – wird eine offene Aussprache dessen, was sie wirklich davon halten, angeregt. Der Leiter bleibt dabei in der Nähe des Protagonisten, um ihn zu unterstützen.

Die Frauen sprechen über den Protagonisten, was sie von ihm und den Männern überhaupt halten:

»Diese Angsthasen«, ist ein Haupttenor, »die glauben, wenn man sie mal freundlich anschaut, will man sie gleich auffressen! Und dieser Robert besonders, nur weil er ein bißchen nett aussieht, denkt er, er hat uns alle gleich am Hals. Ich habe keine Ambitionen, ihm um den Hals zu fallen«, sagt eine Frau. »Warum denn nicht?« fragt eine andere. – »Der ist mir zu arrogant!« – Usw.

Welche beiden Schritte sind nach diesem Gruppengespräch noch zu tun?

1. Schritt: die Reaktion des Protagonisten auf das Gruppengespräch erfragen. Danach entweder Vertiefung, wenn irgendein Punkt zum »Brennpunkt« wird.

Oder:

2. Schritt: direkten Kontakt zwischen dem Protagonisten und den Frauen ermöglichen (dazu die räumliche Trennung wieder aufheben).

Methodische Erläuterung:

Von der Selbstklärung zur Beziehungsklärung

Der erste Schritt vertieft die Selbstklärung nach der Konfrontation mit den Reaktionen der Frauen. Der zweite Schritt ermöglicht den direkten Kontakt: von der Selbstklärung zur Beziehungsklärung.

Das Thema Männer/Frauen wird in Gruppen immer ein wichtiges Thema sein, wenn eine gemischte Gruppe mehrere Tage zusammen ist. Hier lag es allerdings nicht nur »in der Luft«, sondern wurde offen angesprochen und bearbeitet. Wenn einer der Teilnehmenden es für sich zum Thema macht, um so besser: Damit leistet er auch etwas für die Gruppe.

Fallbeispiel 18
»Ich habe gottlob keine Probleme!«

In einer Seminargruppe mit Abteilungsleitern war ein Koch, Chef einer Großküche mit 100 Mitarbeiterinnen. Immer wieder betonte er, er habe keine Probleme und könne leider deswegen kein Thema einbringen. Auffällig war die häufige Wiederholung und die besondere Betonung dieses Hinweises.

Während alle anderen Teilnehmer ein persönliches Thema angemeldet hatten, hatte er keines und war daher auch noch nicht drangekommen.

Wenn Sie Seminarleiter wären: Was würden Sie dazu denken und fühlen?

....

....

....

....

....

Spontan reagierte ich zunächst ärgerlich auf diesen Teilnehmer, denn:

❖ Drückt sich hier nicht eine Art Verweigerung aus, eine Ablehnung des ganzen Seminarangebotes? Es ist ja schön, wenn er keine »Probleme« hat! Aber gibt es nicht genug »Zwischenmenschliches«, mit dem sich der Chef einer Großküche auseinandersetzen muß?

185

❖ Die Überbetonung und die auffallende Wiederholung des Hinweises weckten bei mir den Gegenteilsverdacht: Ist dies nicht ein Hinweis auf besondere Problembeladenheit? Ist er ehrlich mit mir, mit uns?

Ich besann mich dann aber, konnte innerlich zu einer konstruktiven Haltung wechseln und erinnerte mich eines Gedankenganges, den ich in einem Artikel schon einmal zu Papier gebracht hatte:

Umgang mit »problemlosen« Teilnehmern

»Als Psychologen erliegen wir oft der Verführung, für die ›Probleme‹ und Schwierigkeiten unserer Klienten besonders hellsichtig zu sein und in ihren Defiziten und Pathologien unsere Existenzberechtigung und unser Einsatzsignal zu sehen (wohl auch unsere Überlegenheit zu fühlen). Eine solche Scharfeinstellung auf die ›Löcher im Persönlichkeitskäse‹ provoziert nicht nur Widerstände, sondern kann auch zur Entmutigung und Infantilisierung der lernenden Erwachsenen beitragen – gleichzeitig natürlich auch (und ist das vielleicht der gewollte heimliche Lehrplan?) zu einem strahlenden Bild der Überlegenheit des Trainers auf dem Gurupodest.

Ich habe mich selbst als Teilnehmer in manchen Gruppen wie ein ›dummer Junge‹ gefühlt, der leicht beschämt über seine Unbeholfenheit und in dankbarer Erleichterung darüber die Zeit verbracht hatte, daß der Trainer/Therapeut ihn trotzdem noch halbwegs ›akzeptierte‹. Wo war dort meine erwachsene Kompetenz geblieben, all das, was ich zu bieten hatte? Es war einfach nicht gefragt, und es wäre mir auch nicht in den Sinn gekommen, diese Seiten von mir einzubringen.

Nun kann es sicher im Rahmen einer Gruppenausnahmesituation heilsam sein, einmal mit der anderen, löchrigen Seite in Kontakt zu kommen. Und doch halte ich diese rollengebundene ›Arbeitsteilung‹ von Kompetenz und Inkompetenz zwischen Trainer und Teilnehmer für übertrieben und den Geist verratend, durch den eine humanistische Erwachsenenbildung geprägt ist, geprägt sein sollte. (…)

Die ›gestandenen Persönlichkeiten‹ unserer Führungskräfte-Seminare [haben] natürlich viel zu dem Thema zu bieten: Die Lektionen des Lebens sind an ihnen nicht spurlos vorübergegangen und haben sich zu persönlich geprägten ›Lehrgebäuden‹ verdichtet, welche die Substanz zu wirklichen Begegnungen und Dialogen enthielten, wenn wir sie als Trainer nur zulassen und wachrufen würden. So wie die Landgewinnung in Nordfriesland niemals mitten im Meer anfängt, sondern vom Festland aus den Raum erweitert, so kommen wir persönlich wahrscheinlich am besten voran, wenn wir uns auf unsere schon vorhandene Substanz besinnen.

Dabei mögen auch Löcher gestopft werden, aber im wesentlichen geht es darum, diese Substanz zu erweitern – Löcher gehören nun einmal auch zum Käse!« (In: Gruppendynamik 1/1984, S. 47f.)

Was würden Sie vorschlagen, wenn Sie diesen Leitgedanken für eine Intervention zugrunde legen?

....

....

....

....

....

Ich sage: »Ich finde es bewundernswert und erstaunlich zugleich, daß Sie einen solchen Riesenladen, wie Sie ihn haben (Großküche mit 100 weiblichen Mitarbeiterinnen), problemlos meistern!

Wären Sie bereit und hätten Sie Lust, 10–15 Minuten lang einmal zu berichten, wie Sie das hinkriegen, wie Ihr persönlicher Führungsstil aussieht und welche Erfahrungen Sie damit machen?

Und daß Sie noch hinterher Fragen beantworten und für eine Diskussion zur Verfügung stehen?«

Methodische Erläuterung:

Das Entscheidende dieser Intervention liegt darin, die Negativkonnotation des Satzes: »Ich habe keine Probleme« umzukehren in die Aussage: »Ich habe etwas zu bieten!«

Der Vorschlag zielt darauf hin, etwas von dem Hintergrund seiner Bemerkungen zu erfahren. Der Blick geht von den »Defiziten« zur »Substanz«, und ich biete ihm an, uns an seiner »Substanz« teilhaben zu lassen.

Hier gab es zwei mögliche Antworten:

❖ Geht er auf den Vorschlag ein, wäre aus der »Not« (er hat kein Problem) eine Tugend gemacht: Er bietet etwas aus dem Schatz seines Erfahrungswissens, ist dadurch gleichzeitig auch mehr in die Gruppe integriert.

❖ Oder aber er lehnt den Vorschlag ab und würde dies dann begründen, z.B.: »Ich bitte um Verständnis, aber dann müßte ich über so viele Interna berichten, daß ich doch Bedenken kriege, dies hier zu veröffentlichen. So eine Kantine steht ja doch sehr im Blickpunkt der Öffentlichkeit, das möchte ich hier nicht ausbreiten.«

Auch diese Antwort wäre in Ordnung! Auf jeden Fall käme seine innere Situation zur Sprache, und sein unausgesprochenes Außenseiterdasein in der Gruppe würde sich verändern.

Der Großküchenchef geht sogleich mit Freude auf den Vorschlag ein. Er berichtet in persönlicher und fast rührender Art:

Er habe keine eigenen Kinder, und diesen jungen Mitarbeiterinnen gegenüber würde er sich als Vater fühlen, und entsprechend wäre auch sein ganzer Führungsstil. Er wisse nicht, ob ein solcher Führungsstil den neuesten Erkenntnissen entspreche, aber er wisse, daß er es gar nicht anders machen könne. – Er erläutert sodann die Struktur der Großküche und gibt Beispiele für seinen Führungsstil.

Hinterher gibt es von seiten der Gruppe Fragen und Diskussionsbeiträge. Als Leiter fasse ich die wichtigsten Führungsprinzipien zusammen, die ich in seinem Bericht (zwischen den Zeilen) ausgemacht habe.

Methodische Erläuterung:

In jedem Teilnehmer sind immer zwei innere Mitglieder: der eine, der in mancher Hinsicht ratlos ist und sich auf der Suche befindet; der andere, der ein Stückchen vom Stein der Weisen bereits gefunden hat und entsprechend etwas zu bieten hat.

Zwei innere Teammitglieder in jedem Teilnehmer

Abb. 38:
Zwei innere Teammitglieder, die sich bei Anliegenarbeit melden können

In den meisten Seminaren ist derjenige Anteil, der auf der Suche ist, besonders »gefragt«. Das ist auch gut so, um in dieser Zone der beruflichen Reflexion ein Gegengewicht zu schaffen gegenüber dem praktischen Alltag, in dem Souveränität und Kompetenz gefordert sind. Dennoch sollte in der Seminarwelt der andere Anteil, der etwas zu bieten hat, nicht ausgeklammert bleiben. Für manche Teilnehmer ist es viel leichter, sich erst einmal von dieser – souveränen – Seite zu zeigen statt sogleich mit der suchenden, hilfsbedürftigen, ratlosen Seite. Wiederum andere Teilnehmer mögen zur Zeit des Seminars wirklich keine »Probleme« haben, sondern sich in einer Lebensphase befinden, in der es ihr Anliegen ist, ihre Souveränität weiterzugeben, ihre Früchte nach außen zu tragen. Hier kann es Aufgabe des Seminarleiters sein, solche Teilnehmer auch mit dieser Reihenfolge ihrer Anliegen willkommen zu heißen.

Das vorliegende Beispiel illustriert dieses Prinzip.

Fallbeispiel 19
Feinde erkennen

Das Anliegen eines Abteilungsleiters lautet:

»**Wie erkenne ich (rechtzeitig) meine Feinde?**«

Hintergrund: Er selbst habe bis jetzt, so hoffe er wenigstens, keine ausgesprochenen Feinde. Aber er sei erst neu in seiner Position, und er rechne damit, daß auch er es irgendwann mit Leuten zu tun bekommen werde, die ihm nicht wohlgesonnen seien. Er beobachte auch in seiner Umgebung, daß es überall »Heckenschützen« gebe. Es scheine ihm, es komme darauf an, sie rechtzeitig zu erkennen.

Auch andere Gruppenteilnehmer (sie sitzen zu siebt im Kreis) finden das Thema hochinteressant.

Was sagen Sie, oder was schlagen Sie vor?

....

....

....

....

....

Ich entscheide mich dafür, das Thema gruppenzentriert zu bearbeiten.

Ich sage: »Ich möchte einmal jeden von Ihnen bitten, sich auf eine Feindschaft zu besinnen, die es in Ihrem Leben einmal gegeben hat oder zur Zeit gerade gibt (beruflich oder privat). So daß wir von jedem ein Fallbeispiel bekommen und dann studieren können, ob und wie eine ›Frühdiagnostik‹ möglich war oder gewesen wäre.«

(Besinnungspause)

Methodische Erläuterung:

Aus folgenden Gründen bietet sich hier ein gruppenzentriertes Vorgehen an:

Gruppenzentriertes, induktives Vorgehen

❖ Der Protagonist verfügt (noch) über keine eigenen Erfahrungen zum Thema (jedenfalls meint er das).

❖ Die Gruppe ist auf das Thema erkennbar »angesprungen«.

Man könnte nun eine normale Gruppendiskussion moderieren (»Wer kann ›Früherkennungssymptome‹ einer Feindschaft angeben – bitte auf Karten schreiben, hinterher sortieren wir« usw.).

Eine Gefahr dabei ist: Das Thema bleibt abstrakt und ich-fern.

Die hier gewählte induktive Methode ist dagegen erlebnisaktivierend, weil konkrete persönliche Lebensbeispiele provoziert werden. Wenn Anliegen – wie hier – allgemein formuliert werden, ist diese gruppenzentrierte, induktive Methode immer möglich (vgl. auch Fallbeispiel 11).

Der erste berichtet: Seine Feindschaft zu seinem Bruder und seiner Schwägerin war anläßlich einer Erbschaft entstanden. Bevor sie richtig ausbrach, gab es ein gemeinsames Treffen, bei dem er eine »komische Atmosphäre« gespürt hat, obwohl man sich einig schien – »Aber da hätte ich mißtrauisch werden sollen!«

Was sagen Sie, oder tun Sie, wenn jemand mit seinem Bericht zu Ende ist?

....

....

....

....

....

Ich schreibe am Ende jedes Berichtes, der oft auch andiskutiert wird, den »Erkenntnisgehalt« aufs Flipchart, der sich daraus ableiten läßt, z.B. nach dem ersten Bericht:

❖ Atmosphärisches Unbehagen beachten und ernst nehmen!

Methodische Erläuterung:

Der Leiter als Moderator und Protokollant

Der Leiter hört nicht nur aktiv und passiv zu, sondern führt auch eine Art Ergebnisprotokoll. Jedoch sollte er sich dabei nicht zum »Buchhalter« der Gruppe machen, der die ganze Zeit am Flipchart steht und mitschreibt; denn die Gruppe braucht einen zugewandten Leiter, nicht einen, der ihr den Rücken zukehrt! Ich stehe daher nach jedem Bericht kurz auf, schlage die Formulierung des Erkenntnisextraktes vor und fixiere sie schriftlich, wenn der Berichtende und die Gruppe zustimmen.

Aufgrund der nächsten Berichte füllt sich diese Liste.

Mögliche Gesetzmäßigkeiten zur Entstehung von Feindschaft:

❖ Atmosphärisches Unbehagen beachten und ernst nehmen!

❖ Wenn ich eine Maßnahme ins Leben rufen will, frage ich mich:
Wer könnte sie gegen sich gerichtet sehen (gegen wen?)?
Wer könnte sich übergangen fühlen (ohne wen)?

❖ Wenn ich im stillen jemanden verachte, kann dieser sich plötzlich als mein Feind entpuppen.

❖ Usw.

Als die Reihe an den Protagonisten kommt, kann er sich an niemanden erinnern, der ihm bis jetzt feindlich gesonnen gewesen wäre.

Was sagen Sie, oder was schlagen Sie vor?

....

....

....

....

....

Ich sage: »Drehen wir das doch mal um! Gibt es jemanden in Ihrem Leben, dem gegenüber Sie feindselige Gefühle hegen?«

Nach einigem Nachdenken fällt ihm der Vorsitzende seines Vereins ein, mit dem er seit Jahren innerlich auf Kriegsfuß steht.

Ich : »Weiß er das?«

Er: »Nein, das glaube ich nicht!«

Ich : »Wie reden Sie mit ihm, wenn Sie ihm begegnen?«

Er: »Man macht so Sprüche, wie ›Na, du bist auch nicht gerade schlanker geworden!‹ oder so etwas – im Flachs.«

Ich : »Sie machen sich also als Feind fast unkenntlich – entsprechend befürchten Sie auch, daß Ihre Feinde schwer erkenntlich sein werden – und wahrscheinlich zu Recht. Vielleicht gibt es da einen Zusammenhang, den ich mal aufschreiben möchte:

❖ ›Je unkenntlicher ich selbst als Feind bin, um so schwerer erkennbar ist meine Feindeswelt.‹«

Methodische Erläuterung:

Auch hier geht es um das Rückgängigmachen einer Projektion (vgl. auch Fallbeispiel 14). Mit seinem Anliegen hatte er ausgedrückt, daß er keine feindlichen Gefühle habe, sie aber von anderen erwartet. An diesem Punkt wird deutlich, daß er sie sehr wohl kennt, aber sich nur zum Teil eingesteht und dann von seinem Gegenüber erwartet.

Fokuswechsel   Mit der Erkundung der eigenen Projektionen und der eigenen feindlichen Gefühle geschieht ein Fokuswechsel: Er ist nicht länger (nur) »Opfer« externer Einflüsse, sondern wird (auch) zum »Täter«, der selber feindliche Gefühle hegt.

Abschließend folgt eine freie Gruppendiskussion und die Zusammenfassung der Erkenntnisse.

In Phase 4 bietet sich auch oft die Möglichkeit an, weiterführende Literatur empfehlen, z.B. in diesem Fall: Rupert Lay: »Wie man sich Feinde schafft – ein Plädoyer gegen Gewalt«, Econ Verlag: Düsseldorf 1994.

Die Motivation, etwas zu lesen, ist nach einer Erlebnisaktivierung oftmals hoch.

Zum Abschluß fanden alle diese Sitzung »hochinteressant« – zu meinem Erstaunen, denn die von mir vorgeschlagene Methode war eine »Verlegenheitslösung« gewesen (mir fiel nichts »Besseres« ein). Erst nachträglich habe ich den Wert dieses Vorgehens erkannt.

Fallbeispiel 20
Der geduldige Zuhörer

Ein Abteilungsleiter, Herr Müller, möchte, nachdem eine andere Fallarbeit abgeschlossen ist, dringend drankommen. Er wisse nicht genau, worum es gehe, aber er gerate mehr und mehr in eine deprimierte Stimmung.

Hintergrund: Herr Müller berichtet, er betreue seine Mitarbeiter sehr intensiv, pflege zu jedem engen Kontakt und sei bei allen Nöten mit Rat und Tat zur Stelle. Auch Familienbesuche gehörten zu seinem Führungsstil. Aber was ihn jetzt vielleicht auch deprimiert mache: Immer sei er derjenige, der den Leuten geduldig zuhöre und Anteil nehme.

Was sagen Sie oder schlagen Sie vor?

....

....

....

....

....

Ich sage: »Ja, und jetzt gerade machen Sie genau das Gegenteil! Jetzt beanspruchen Sie Zeit für sich – daß wir Ihnen mal zuhören!«

195

Methodische Erläuterung:

Spontanes Auftauchen neuer Anliegen während des Gruppenprozesses

Häufig ist es so, daß die Themen der Protagonisten, die schon »dran« waren, bei den anderen Teilnehmern Erinnerungen und Gefühle wachrufen. Daher ist es gut, immer wieder zu überprüfen, ob die vorher aufgestellte Themenliste noch aktuell ist oder ob neue Themen während des Gruppenprozesses spontan auftauchen. Hier meldet sich ein Teilnehmer mit einem Anliegen, das sich ihm während der letzten Sitzung innerlich aufgedrängt hat.

Ich greife seinen Satz auf und deute ihm an, daß er dabei ist, aus seinem Muster – ich höre immer nur zu, ich bin nie dran – auszubrechen. Im Augenblick vollzieht er eine Rollenumkehrung, und dies spiegele ich ihm: Sonst ist er immer der Ratgeber und geduldige Zuhörer, jetzt nimmt er die andere Seite ein, setzt sich auf den anderen Stuhl.

Indem er etwas tut, was er normalerweise vermeidet, leistet er damit bereits einen wichtigen Entwicklungsschritt:

Betreten von Vermeidungsfeldern

Ein Prinzip der Persönlichkeitsentwicklung ist das Betreten von Vermeidungsfeldern.

Wichtig für den Leiter ist, dies zu merken und den Protagonisten darauf aufmerksam zu machen.

Er: »Ja, aber das fällt mir auch sehr schwer.«

Ich : »Genau! So daß es jetzt eine heilsame Roßkur werden kann. – Erzählen Sie mal: Wie läuft das üblicherweise ab, wenn Sie der geduldige Zuhörer sind?«

Er: »Na, ich bin zugewandt, laß den anderen reden und stelle Fragen dazu, sag' auch ab und zu mal was ... aber bin doch nicht ganz bei der Sache, nicht?«

Ich : »Wo sind Sie denn?«

Er: »Irgendwo anders – und denke dann manchmal: Was redet der bloß, wenn der Tag lang ist!?«

Was sagen Sie, oder was schlagen Sie vor?

....

....

....

....

....

Ich sage: »Offenbar gibt es in solchen Gesprächen zwei Müller:

Müller 1	hält die Stellung, sagt: ›Aha, hm, interessant ...‹ usw.; macht sozusagen Kommunikationsdienst (oder hält zumindestens einen ›Notdienst‹ aufrecht). Und
Müller 2	ist dahinter in sich versunken, ist ganz woanders und denkt: ›Was reden die da bloß?‹«

Er (lächelt): »Ja, genauso ist das!«

Ich : »Ich schlage vor, wir bauen das mal auf: Wir brauchen einen Gesprächspartner, dann einen Müller 1 – und Müller 2 machen Sie am besten selbst.«

Methodische Erläuterung:

Das leitende Prinzip für diesen Aufbau lautet, wie schon oft: das Interaktionsmuster, das seinen Stil kennzeichnet, sinnfällig inszenieren. Der Leiter braucht dafür überhaupt keine Lösungsidee.

Das Interaktionsmuster inszenieren

Ein Anfängerfehler wäre der Vorschlag gewesen: »Können Sie das mal Ihrem Gesprächspartner in einem Rollenspiel direkt sagen, daß Sie sein Gerede für Unfug halten!?« Erstens wird viel zu früh eine Lösung ins Auge gefaßt. Zweitens würde der innere Konflikt unerkannt in die Beziehung transponiert.

Der hier gemachte Vorschlag sieht vor, daß der Protagonist Müller 2 spielen soll, denn dort liegt die »innere Wahrheit«, hier ist sein Anliegen, hier stecken seine Gefühle, hier ist seine Energie. Außerdem ist die Rolle des Müller 1 diejenige, die er immer spielt (oder auch wahrt). Müller 1 ist eine Schablone, die auch jeder andere übernehmen kann.

Allerdings wäre es auch möglich, daß er Müller 1 selbst spielt, um seine »Kommunikations-Notdienst-Fassade« ganz deutlich kennenzulernen und ganz bewußt zu spüren. Dieser Effekt wird durch die folgende Zusatzinstruktion erreicht.

Die Rollen werden besetzt:

Abb. 39: Der Protagonist in der Rolle des Müller 2 spricht seine wahren Gefühle und Reaktionen aus, Müller 1 hält die »Fassade« aufrecht.

Wie ist Ihre nächste Instruktion?

....

....

....

....

....

Ich sage: »Gut, der Gesprächspartner und Müller 1 führen jetzt das Gespräch über ein Thema, das Ihnen (zum Gesprächspartner) am Herzen liegt.«

Zum Protagonisten: »Sie geben vorher ein paar Regieanweisungen, wie Müller 1 sich verhalten soll. Und auch während des Gespräches können Sie Müller 1 laufend zuflüstern, wie er sich verhalten soll, z.B. ›Bißchen interessierter gucken!‹ oder ›Mehr Mhms!‹ oder wie auch immer. Und immer, wenn ich das Gespräch kurz unterbreche, sagen Sie laut, was Sie (Müller 2 hinter dem Stuhl) denken und fühlen.«

Methodische Erläuterung:

Indem der Protagonist genaue Regieanweisungen an Müller 1 gibt, muß er sich dessen Verhalten nochmals vergegenwärtigen. Dadurch ist er gezwungen, sich sein Kommunikationsmuster anzuschauen und sich selbst als Regisseur dieses Musters zu erkennen und zu erleben.

Dies ist die tiefer liegende Begründung dieser Anweisung; die offenliegende Begründung liegt natürlich darin, daß der Spieler in seine Rolle eingewiesen werden muß.

Ich mache hier den Vorschlag, daß Müller 2 – der Protagonist – immer auf mein Zeichen hin sagt, was in ihm vorgeht. Dadurch wird sein altes Muster unterbrochen, denn er muß seine »Hinter-Gefühle« nun spüren und aussprechen.

So geschieht es. Müller 1 reagiert interessiert und zugewandt – und in den Gesprächspausen nehme ich als Leiter Kontakt zu Müller 2 auf: »Wie geht es Ihnen, was denken und fühlen Sie jetzt?« (Eventuell doppeln!)

Es zeigt sich, daß Müller 2

desinteressiert, gelangweilt	»Was reden die bloß für 'n Zeug!«
aggressiv	»Ein blöder Sabbelheini!«
bedürftig	»Ich möchte auch mal, daß mir jemand zuhört!«

reagiert.

Was schlagen Sie nach dem Spiel und seiner Auswertung vor, angenommen Sie wollen mal eine Handlungsalternative erproben?

....

....

....

....

....

Ich sage: »Ich schlage vor, daß wir ein zweites Gespräch führen, wo Müller 2 aus seiner Versenkung hervorkommt, sich neben Müller 1 setzt und sich in den Kontakt einbringt – einverstanden?«

(Im Bedarfsfall stelle ich mich hinter den Stuhl des Protagonisten – Müller 2 – und unterstütze ihn.)

Abb. 40: *Müller 1 und 2 jetzt gemeinsam (als Team) an der Kontaktlinie*

Methodische Erläuterung:

Erst nachdem das übliche Verhalten im Rollenspiel deutlich geworden ist, wird eine Alternative ausprobiert. Man könnte hier Müller 2 das Gespräch alleine führen lassen; hier erfolgt jedoch gleich ein Rollenspiel, das die Integration der beiden Müller zum Ziel hat.

Die Auswertung mit den Spielern und der Gruppe erfolgt wie üblich.

Methodische Erläuterung:

In Phase 4 (theoretische Einordnung) könnten Sie auf die Psychologie des »Inneren Teams« (Schulz von Thun, 1998) zu sprechen kommen.

*Innere
Teamentwicklung*

Sein inneres Team besteht während solcher Gespräche aus vier Mitgliedern: dem einfühlsamen Helfer (der vorne steht und das »Kontaktmanagement« übernimmt), ferner dem Gelangweilten, dem Aggressiven und dem Bedürftigen. Die letzten drei führen ein Schattendasein im Hintergrund.

Abb. 41: *Im inneren Team des Vorgesetzten bleiben wichtige Teammitglieder unge-
hört im Hintergrund.*

Genau dies ist das Wesen der »Depression«: Bestimmte Mitglieder des »inneren Teams« dürfen nicht leben, sondern werden in den seelischen Hintergrund abgedrängt und dort hinter Schloß und Riegel gehalten. Ihre ständige Bewachung und Devitalisierung führt aber dazu, daß der freie Strom lebendiger Gefühle blockiert ist. Die daraus folgende Gefühllosigkeit wird als »Depression« empfunden.

Aufgabe der »inneren Teambildung« ist es, diese Schattenteilnehmer aus der Dunkelkammer der Seele zu befreien, sie kennenzulernen und sie in den zwischenmenschlichen Kontakt gestaltend eingreifen zu lassen.

Über den Tag hinaus

Nachdem Sie sich mit dieser Art von professioneller Fortbildung befaßt haben, stellen sich für Sie möglicherweise zwei Fragen:

1. Was »bringt es« (über den Tag hinaus)? Kommen die Protagonisten besser klar mit dem Problem, das sie in der Gruppe bearbeitet haben? Kommen sie womöglich sogar besser klar mit Problemen solcher Art überhaupt? Kann vielleicht sogar ein Wachstumsschritt ihrer Persönlichkeit erreicht werden, in dem Sinne, daß bislang unterentwickelte menschliche Qualitäten hervorkommen und sich besser verwirklichen?

2. Wie kann »man« es lernen, in dieser Weise als Trainer, Berater, Coach, Moderator, Klärungshelfer zu arbeiten?

Zum Abschluß noch wenigstens ein paar Worte zu diesen beiden Fragen!

Was »bringt es« (über den Tag hinaus)?

Da wir es genauer wissen wollten, haben wir von 1985 bis 1990 bei 16 Seminaren für Führungskräfte eines großen Unternehmens (»Kommunikation und Führung«) jeweils acht bis zehn Wochen nach der Teilnahme am Seminar ein zweitägiges Nachtreffen durchgeführt. Davon war der erste Tag der Forschung gewidmet: Jeder Teilnehmer, jede Teilnehmerin (insgesamt 89 Männer und 13 Frauen) war eingeladen, in einem persönlichen, mit vielen Zeichnungen versehenen Bericht die Folgewirkungen des Seminares anhand konkreter Beispiele und Erlebnisse darzulegen. Das erste wichtige Ergebnis: »Ein Drittel – zwei Drittel«, d.h., bei rund 35 Prozent der Teilnehmer wurde erkennbar, daß es keine oder nur sehr kleine Folgewirkungen gegeben hatte. Zwar gaben diese überwiegend an, profitiert und viel gelernt zu haben, aber der Transfer ins berufliche Leben war schwach geblieben. Bei rund 65 Prozent gab es nennenswerte (42 Prozent) oder gar überwältigende (23 Prozent) Nachwirkungen, und zwar gingen die Veränderungen vor allem in vier Richtungen.

❖ *Selbstbewußtsein.* Bei aller Unterschiedlichkeit individueller Aspekte ist doch immer wieder ein gemeinsamer erster Haupttrend erkennbar: Er bezieht sich auf das eigene Selbst und geht in die Richtung einer bewußteren und verbesserten Beziehung zu sich selbst, verbunden mit mehr Sicherheit, einem allgemein besseren Lebensgefühl und einem sorgfältigeren Umgang mit den eigenen Kräften und Verletzlichkeiten.

❖ *Bewußtsein und Energie für Kontakt- und Beziehungspflege.* Der zweite Trend bezieht sich auf die Bedeutung und den Stellenwert, die der Teilnehmer der zwischenmenschlichen Kommunikation und der Pflege von Kooperationsbeziehungen beilegt. »Miteinander reden ist wichtig und lohnt sich!« – diese Einschätzung verbindet sich mit einer erhöhten Bereitschaft, Zeit dafür einzuräumen und geeignete äußere Bedingungen dafür vorzusehen.

207

❖ *Verbesserte Kontaktqualität.* In der Art und Weise, Gespräche und Kontakte zu gestalten, offener miteinander zu reden, zeigen sich die meisten Veränderungen. Erkennbar ist in vielen Fällen eine mehr dialogische Ausrichtung der Gespräche, deutlich vermehrte persönliche Transparenz, mehr Zuhören und Verständnis, aber auch mehr Mut zur deutlichen Abgrenzung und Konfrontation, besonders in der Vorgesetztenrolle (»Farbe bekennen«).

❖ *Beziehungsklärungen und Metakommunikation.* In diesem Zusammenhang berichten auch etwa 15 Prozent der Teilnehmer, daß sie es gewagt hätten, bei schwierigen Beziehungen mit unterschwelligen Spannungen »den Stier bei den Hörnern zu packen« und eine explizite Klärung der Beziehung (meist mit ermutigendem Resultat) versucht zu haben.

Diese vier Hauptrichtungen der Veränderung sehen Sie in der folgenden Abbildung auf einen Blick:

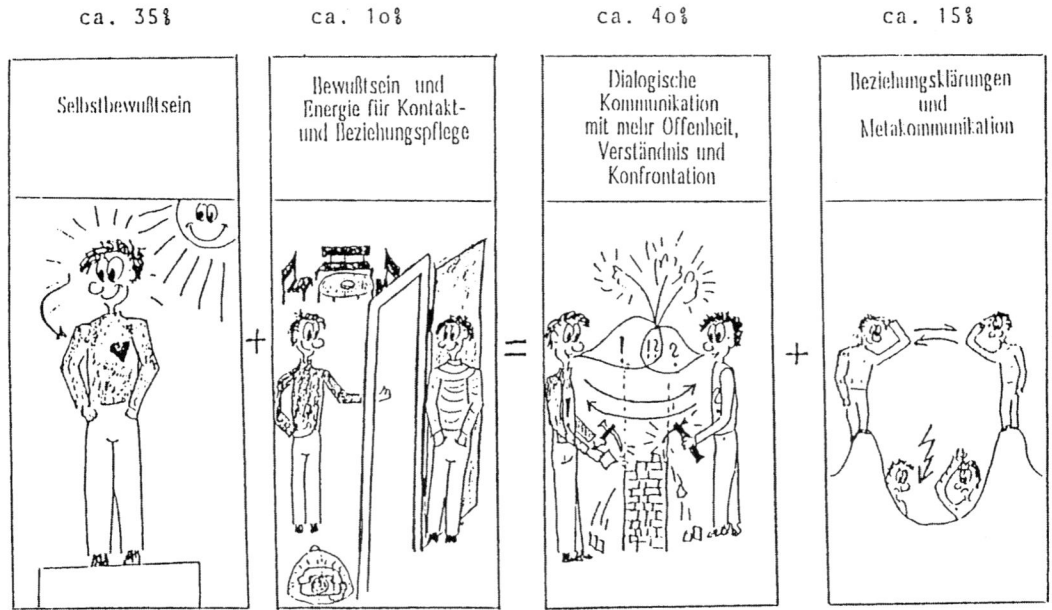

Abb. 42: *Vier Hauptrichtungen der Veränderung (erkennbar nach acht Wochen)*

Mehr als 60 Prozent der Seminarauswirkungen bezogen sich auf den Teil des Nachmittags, wo der Protagonist mit seinem Thema drangekommen war. Aufgrund dieser Beobachtungen dürfen wir begründet vermuten:

Wenn ein Kommunikationsseminar so konzipiert ist, daß es die Möglichkeit vorsieht, daß Teilnehmer ihre Praxis und ihre Person zum Thema machen – und wenn solche persönlichen Praxisanliegen vertiefend und aktivierend nach den Regeln der Kunst bearbeitet werden, dann erhöht sich die Chance auf einen nachhaltigen Transfer drastisch.

Dies ist ja auch nicht verwunderlich, weil der »Transfer« im Seminar bereits »eingebaut« war.

Wie kann »man« es lernen, so zu arbeiten?

Eine allgemeingültige Antwort ist schwierig, weil die persönlichen Voraussetzungen und Startbedingungen sehr unterschiedlich sind. Vielleicht haben Sie bei der Lektüre das Gefühl bekommen: »Das kann ich auch!« Vielleicht aber auch: »Das lerne ich nie!« Nach meinen Erfahrungen stimmt beides nicht, aber zweifellos bringt der eine mehr Erfahrung und Talent mit als der andere.

Unerläßlich ist es, daß der Leiter, die Leiterin »auf zwei Säulen steht« und sowohl ein klares Verständnis für seelische und zwischenmenschliche Vorgänge als auch für die Dynamik des Zusammenspiels von Rollen im institutionellen Kontext entwickelt hat und auf der Basis dieses doppelten Verständnisses den Kern dessen erfaßt, worum es geht. Dies zeigt auch die folgende Abbildung.

Abb. 43: Leiter(in) auf zwei Säulen

Nach unseren Ausbildungserfahrungen hat sich folgende Stufenleiter der Fortbildung zum Leiter erlebnisaktivierender Kommunikationsberatung in Gruppen bewährt:

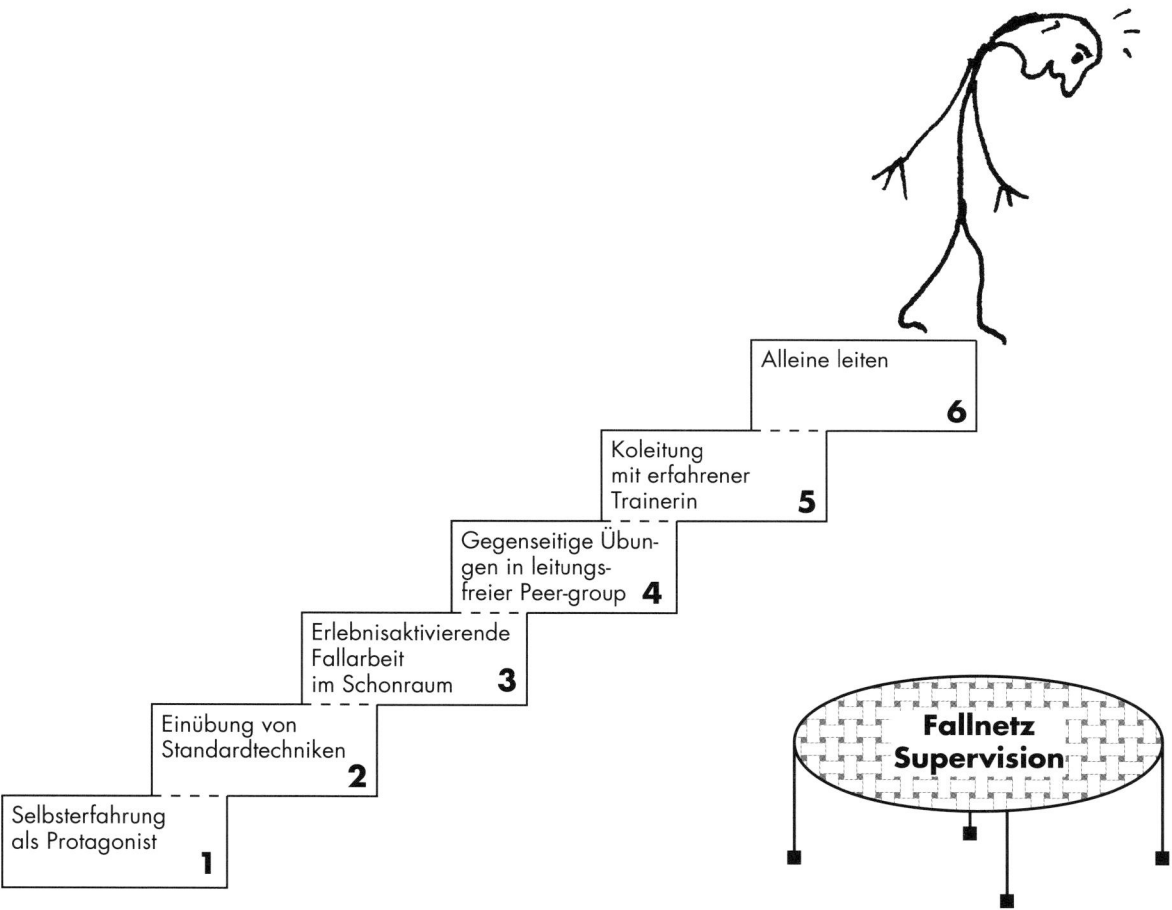

Abb. 44: Stufenfolge der Fortbildung zur erlebnisaktivierenden Kommunikationsberatung

1. Stufe: Selbsterfahrung als Protagonist

Das heißt, möglichst viel dieser Art von Arbeit sollte »am eigenen Leibe« erlebt werden, als Protagonist ebenso wie als teilnehmendes Gruppenmitglied, wenn jemand anderes dran ist.

2. Stufe: Einübung von Standardtechniken

Das heißt, wiederkehrende Teilfähigkeiten sollten erprobt werden wie z.B. verschiedene Spielarten von Feedbacks, monologisches und dialogisches Doppeln, Grundlagen der Inneren Teamarbeit usw. Eine gute Einführung in die erlebnisaktivierenden Standardmethoden bietet Benien (2002).

3. Stufe: Erlebnisaktivierende Fallarbeit im Schonraum

In diesem Ausbildungskurs stellt der Protagonist sein Anliegen vor (Phase 1). Dann erhalten die Fortbildungskandidaten eine 20minütige Auszeit und beraten in Tandems, wie sie an die Sache herangehen würden (Entwicklung einer Strukturidee). Anschließend berichtet jedes Tandem, wie es an den vorliegenden Fall herangehen würde. Die Vorschläge werden von den Seminarleitern in ihren Vor- und Nachteilen kommentiert. Der Protagonist wählt sich den Vorschlag aus, den er für sich als günstig erachtet. Dieser Vorschlag wird nun durchgeführt, und zwar von den beiden Trainern, die ihn erdacht haben. Diese Durchführung wird von den Seminarleitern begleitet und supervidiert.

4. Stufe: Gegenseitige Übungen im Rahmen einer leitungsfreien
Peer-group

Regelmäßige Treffen von idealerweise sechs Fortbildungskandidaten, die in rotierender Leitung eigene Praxisanliegen bearbeiten, jeweils mit methodischer Nachbesprechung. Ein erfahrener Supervisor ist hier oft entbehrlich.

5. Stufe: Koleitung mit einem erfahrenen Trainer

Ideal ist es, wenn man dem »Ernstfall« nicht gleich alleine gegenübersteht, sondern mit einem erfahrenen Leiter zusammenarbeiten kann. Wenn die Kandidatin nicht mehr weiterweiß, kann sie jederzeit das Zepter übergeben – oder (womit wir auch sehr gute Erfahrungen gemacht haben): Ko-leiterin und Leiterin führen in Anwesenheit der Gruppe ein methodisches Zwischengespräch, in dem sich die Koleiterin beraten läßt. Diese kurze Zwischenberatung ist meist für den Protagonisten und für die Gruppe interessant und aufschlußreich, da sie erfahren, was in den Köpfen ihrer Leiter vor sich geht.

6. Stufe: Alleine leiten

Die ersten Versuche auf der 6. Stufe werden immer wieder von großer Aufregung begleitet sein. Immerhin kann man hier »klein anfangen« und der Phase 2 (vgl. Abb. 11, S. 43) erst nach und nach mit zunehmender Sicherheit ein größeres Gewicht geben (Fallbeispiele für kleine, bescheide-ne Anfänge: 4, 6, 11, 15, 18, 19).

Nachträgliche Supervision ist empfehlenswert. Wenn wir (wie häufig der Fall) das Gesamtseminar zu zweit leiten und nachmittags in Halbgruppen erlebnisaktivierende Fallarbeit machen, tauschen wir Leiter uns abends aus und besprechen schwierige Situationen auf dem Abendspaziergang. Was? Müssen die Leiter nicht abends bei den Gruppenteilnehmern sein, um den zwanglosen Kontakt beim Bier zu pflegen? Keineswegs! Viel wich-tiger ist es, Abstand zu gewinnen, sich neu zu sammeln und mit dem Koleiter wieder in Kontakt kommen: Wie geht es dir, wie geht es mir – und wie können wir morgen wieder ein gutes Team sein?

Sollten Sie nach all dieser Lektüre »auf den Geschmack gekommen« sein und sollten Sie eine aussichtsreiche und erfreuliche Perspektive für Ihre berufliche Weiterentwicklung sehen, dann wäre dieses Buch nicht um-sonst. Viele Wege führen nach Rom – wo liegt Ihr Rom?

Literatur

Benien, K.: Beratung in Aktion. Erlebnisaktivierende Methoden im Kommunikationstraining. Hamburg 2002

Fischer-Epe, M.: Kursunterlagen zum Seminar »Methoden der Einzelberatung und des Coachings«, Institut für wissenschaftliche Lehrmethoden, München 1992

Helwig, P.: Charakterologie. Herder-Verlag, Freiburg im Breisgau 1967

Redlich, A.: Berufsbezogene Supervision in Gruppen. In: (Hrsg. A. Redlich) Materialien aus der Arbeitsgruppe Beratung und Training, Bd. 19. Universität Hamburg 1994

Riemann, F.: Grundformen der Angst. Reinhardt-Verlag, München 1984

Rogers, C.R.: Entwicklung der Persönlichkeit. Klett-Verlag, Stuttgart 1973

Schulz von Thun, F.: Miteinander reden 1. Rowohlt Taschenbuch Verlag, Reinbek 1981

Schulz von Thun, F.: Miteinander reden 2. Rowohlt Taschenbuch Verlag, Reinbek 1989

Schulz von Thun, F.: Miteinander reden 3. »Inneres Team« und situationsgerechte Kommunikation. Rowohlt Taschenbuch Verlag, Reinbek 1998

Schulz von Thun, F.: Klarkommen mit sich selbst und anderen. Rowohlt Taschenbuch Verlag, Reinbek 2004

Thomann, C./Schulz von Thun, F.: Klärungshilfe 1. Rowohlt Taschenbuch Verlag, Reinbeck [2]2003

Register

Bildnachweis

Abbildungen 12, 17, 18, 19, 21, 27,
28, 29, 31, 32, 34, 35, 36, 37, 38, 39, 40
von Kim-Oliver Tietze (Hamburg);
10, 24, 25, 41 von Verena Hars;
42 von Constanze Bossemeyer.

Ralf Besser
Transfer: Damit Seminare Früchte tragen
Strategien, Übungen und Methoden, die den
Lernerfolg sichern.
221 Seiten. Pappband.
ISBN 3-407-36418-0

Damit guten Vorsätzen Taten folgen: Sichern Sie
den Lernerfolg Ihrer Seminarteilnehmer! Der Transfer-
Experte Ralf Besser macht Sie mit wirksamen Strategien und vielfältig einsetzbaren Methoden der
Transfersicherung vertraut. Lassen Sie Ihre Teilnehmer langfristig von Ihren Veranstaltungen profitieren,
indem Sie sicherstellen, dass die spätere Umsetzung
in den Berufsalltag auch wirklich funktioniert.

Aus dem Inhalt: Transfer vorbereiten; Persönliche
Transfermaßnahme starten; Transferorientierter
Ausklang; Transfer in der Praxis selbst sichern;
Ungewöhnliches ausprobieren.

Hans-Jürgen Frank
Ideen zeichnen
Ein Schnellkurs für Trainer, Moderatoren und
Führungskräfte.
150 Seiten mit vielen Abbildungen. Pappband.
ISBN 3-407-36421-0

Hans-Jürgen Frank trainiert seit vielen Jahren
Moderatoren, Trainer, Berater und Führungskräfte im
Zeichnen für den Berufsalltag. Viele von ihnen waren
anfangs überzeugt, sie könnten nicht zeichnen.
Und: Sie konnten es doch! In diesem unterhaltsamen
Schnellkurs lernen auch Sie, wie Sie mit Hilfe von
drei klugen Regeln und vier leicht zu erlernenden
Bildelementen alle Inhalte, Gedanken und Bot-
schaften überzeugend ins Bild bringen können.

Aus dem Inhalt: Wofür Sie Zeichnen brauchen
können; Vorteile des visuellen Arbeitens; Anwen-
dungsmöglichkeiten; Praktische Basis.

Beltz Verlag · Postfach 100154 · 69441 Weinheim · www.beltz.de